中国90%的企业面临五大挑战

01. 产品很好，卖得不好
02. 低价成交，不促不销
03. 投了广告，总是无效
04. 不断创新，总被模仿
05. 市场受限，难以突破

商业重塑"课程全国巡讲

务30万+的中小微企业

在产品和信息爆炸的时代

如何找到你的差异化，让品牌脱颖而出

今天的商业竞争，不是产品竞争，而是心智之战

《战略定位一本通》

一本书读懂中小企业战略定位，找准定位，实现企业破局。本书凝聚了作者
咨询近万家、投资152家、辅导上市17家企业的实战经验。通过5个章节，12
位落地的方法、9种辅助落地的策略等内容，输出可复制的定位方法论，让你
为顾客首选，抢占客户心智。

第108届北京"商业重塑"课程培训现场

第122届上海"商业重塑"课程培训现场

服务国内外300000+中小企业

餐饮行业

地产行业

电气行业

电子科技

环保行业

建筑行业

生产制造

海外项目

战略定位

一本通

臧其超◎著

广东旅游出版社
GUANGDONG TRAVEL & TOURISM PRESS
悦读书·悦旅行·悦享人生

中国·广州

图书在版编目（ＣＩＰ）数据

战略定位一本通 / 臧其超著. — 广州：广东旅游出版社，2024.2

ISBN 978-7-5570-3196-1

Ⅰ. ①战… Ⅱ. ①臧… Ⅲ. ①企业战略—通俗读物 Ⅳ. ①F272.1-49

中国国家版本馆CIP数据核字（2024）第004656号

出 版 人：刘志松
特约策划：三藏文化
项目执行：徐泽雄
责任编辑：陈晓芬
内文设计：友间文化
责任校对：李瑞苑
责任技编：冼志良

战略定位一本通
ZHANLÜE DINGWEI YIBENTONG

广东旅游出版社出版发行
（广州市荔湾区沙面北街71号首、二层）
邮 编：510130
电 话：020-87347732（总编室） 020-87348887（销售热线）
印 刷：深圳市和兴印刷发展有限公司
　　　　（深圳市龙岗区平湖街道辅城坳社区新工业区A50号A栋）
开 本：889 mm×1260 mm 32开
字 数：130千字
印 张：7.5 插页：4
版 次：2024年2月第1版
印 次：2024年2月第1次印刷
定 价：78.00元

商业定位的核心是什么

　　曾几何时，华谊兄弟占据中国电影市场的半壁江山，但现在处在岌岌可危的行业位置上。主要原因是：定位出现失误，战线拉得过长，聚焦不足。华谊兄弟是产品型公司，产品才是第一性战略。没有足够IP支撑的文娱乐园只会是空中楼阁。同样，与迪士尼竞争的万达主题乐园，也败北于此。

　　商业定位的核心是聚焦。一个公司的定位超出市场认知后，不只是客户不埋单的问题，更是连一个让人记住的理由都不充分。商业底层的逻辑源于客户的心智，在当今产品过剩的时代，选择太多了，让客户减少选择焦虑的唯一方式，就是不用告诉客户你有多少优点，只要有一点能认可你、记住你，并将之放大，直至烙印在心智中，才是聚焦的核心。

那么，谁需要学定位呢？答案不言而喻，做企业的人需要学定位。不管是管理企业、生产产品还是做服务，不管你是在职员工、合伙人还是送货的人，只要你是爱学习的，就要学习定位。

学会定位，你赚钱的机会更多，晋升的机会更多，获得优秀员工的机会也更多；学懂以后，对你未来的人生规划，也大有帮助。

为什么要学习定位？因为定位不仅是给产品定位，也给一个人、一个物、一件事，甚至一个企业定位。怎么理解人也有定位呢？比如，你做抖音号，没有精准的播主定位，怎么制作视频内容？往哪个方向来做？你没有定位，抖音的智能算法，也不知道把你的视频内容推荐给谁看。

在抖音上那些不温不火的人，大多数没有找准定位。但是，有的人本身没什么才艺，只在直播间玩套路、玩PK，直播间同样热闹，为什么？其实他是有定位的，抖音有10亿用户，很多人上抖音根本不是为了学习，而是为了看热闹。于是，那些玩套路、玩PK的主播，正合他们的"胃口"。

定位成功的标志，就是与某一个代名词划上"等号"。比如，康泰克是感冒药的代名词，于是康泰克等于感冒药。同样，周星驰等于喜剧之王，吉列等于剃须刀，绿箭等于口香糖，麦当劳等于汉堡包，可口可乐等于可乐，它们都使用到定位的原则，也都使用了代名词策略。

"怕上火，喝王老吉"的口号在全国一宣传，顾客就马上形成了一种认知，怕上火应该喝凉茶，而这个凉茶就是王老吉，所以凉茶等于王老吉，王老吉等于凉茶。一旦定位成功，你就超越了竞争对手，并在销售市场上赢了。

如何学习定位？很多人都是急着去了解定位的定义是什么，找到定义就操作，根本没有从心里体会其中的学问是什么。定义是别人给的，不是你自己体会的，如果学了别人的定义，岂不是"死学"？

学习定位，应该了解人与定位的关系，看看我们身边有没有定位落地的环境，如果没有，不就越讲越空吗？所以，你一定要有一把打开定位的钥匙。虽然不一定能精准找到定位，但是一定有一套寻找定位的方法，而且你下次逛街时，看到一排排的店铺，就知道哪家做了定位，哪家完全没有定位。

企业定位的方法论，可以概括为三部曲。

第一，"为谁请命"，即创始人的发心，集中体现在企业的使命和价值观上。如果创始人的发心是赚钱，他的企业定位就是赚钱机器，最终也是走不远的。如果创始人的发心是追求极致，他的企业就是有匠人精神的企业，不以利益最大化为目标，反而可能成为百年老店。

第二，"抢占山头"。经过创业初期的打拼，你成功掘得第一桶金，终于活下来了，接下来就要根据自身优势，在市场上寻求一席之地，抢占一个细分的山头，形成清晰的发展目标。比如，方太定位为高端厨电专家，劲霸男装专注夹克，都是抢占一个"山头"。

第三，想方设法做到"与众不同"。如何在众多"山头"当中凸显自己，做到与众不同，做到一枝独秀，这就需要发挥"长板理论"，聚焦核心竞争力。比如，华为几十年如一日耐得住寂寞，聚焦在主航道，进行饱和性攻击，不在非战略机会点上消耗战略竞争力量，最终厚积薄发，做到了真正的与众不同。相比之下，很多巨头就显得比较平庸。

企业定位的根本是"为谁请命"。阿里巴巴创始人曾说："先有使命再派生价值体系和价值观，有了使命和价值观，就必须推出一个愿景，有了愿景以后制定战略，有了战略再创建组织架构，然后确定人才和文化，这是一整套的系统。"其逻辑关系：使命—价值观—愿景—战略—

组织架构—人才和文化。而使命与价值观是源头，也就是企业定位的源头。

比如，苹果公司起步于个人电脑产品。创始人史蒂夫·乔布斯提出"让每人拥有一台计算机"的伟大使命，一开始就将苹果产品定位为个人工具，帮助解决个人问题，专注于创造个人用户的极致体验，并且这一理念至今没有改变过。

基于此，苹果才有生生不息的创新能力，并后来者居上，超越资格更老的对手。苹果电脑重新定义了个人电脑行业；苹果手机颠覆了摩托罗拉、爱立信、诺基亚等行业巨头；苹果iPod挑战了索尼和飞利浦等传统大佬。

由此可见，客户关心的首先不是产品是什么，而是你能为他解决什么问题。苹果不用"我是做什么的"来限定自己。同样，中国的企业小米也不会限定自己就是做手机的。小米的成功，并不是小米手机等产品的成功，而是经营社群的成功。小米锁定特定社群，提出"小米，为发烧而生"的理念。小米代表一种价值主张，代表一种生活态度。

阿里不会限定于做淘宝，淘宝之后还有天猫、聚划算、全球速卖通、阿里云计算、支付宝、菜鸟、蚂蚁金服等，上市后通过一系列资本运作，正在成为多元化的阿里帝国，阿里的用户也日益复杂。那么，阿里巴巴究竟是为谁请命？答案就藏在"让天下没有难做的生意"这句话里。

华为不会把自己限定于交换机设备，不仅为运营商和企业服务，成为全球最大的电信运营商，还能与时俱进，为消费者服务，成为中国本土最大的手机厂商。华为为谁请命？答案也是一句话："构建更美好的全联接世界。"

一旦用户认同了你的使命与价值观，就会长期认同你的产品和服务。这就是那些有伟大的使命与价值观的企业长盛不衰的原因，这足见定位对于企业战略之重要性。

接下来，我们就开始正式学习定位了。这是本书对定位的设计原则，就像我们考驾照一样，先要学习驾车理论、驾车规则，再去练车场里练车，最后上路时，还要贴上实习的标志，让人知道你是实习的人。实习的人不能单独上高速，驾龄满一年才可以。

这就是驾车的过程。我们学习定位，原理是相通的。大家跟着我，一步一步理解，把基本功打扎实了，把定位的底层逻辑学懂了，后面就可以亲自给企业做定位了。

以此为序！

臧其超

目录
CONTENTS

▶ 第五章
定位案例 产业企业如何做定位　/201

01

第一章

定位
认知

▼ **深刻理解定位是什么** ◆

用不好定位，这里有个前提（原因），即你可能还没有真正搞懂什么是定位。当你把定位真正学透并在实际当中结合应用，其实它也没那么难，关键看你是否能抓得住里面的核心内容。

一、定位如何变成广为人知的知识体系

定位的提出，与艾·里斯和杰克·特劳特有关，他们是营销史上的两位传奇大师。艾·里斯出生于1929年，37岁的时候，他在美国创办了一家咨询公司，专门帮助企业寻找客户心中的那个东西——岩石，一个比较紧固的概念。后来有一位名叫杰克·特劳特的青年才俊加入这家咨询公司，并成为合伙人。杰克·特劳特对"岩石"这套营销理论重新定义，并提出一个词，叫定位。由此，这个词很快传遍美国。

定位的提出，具有重大意义。作为一套营销理论，一个知识体系，或者说一个给客户的服务，如果没有一个词来精准表达，这套理论也就无法传播，这个知识体系无法向别人说清楚，这个服务也不一定能做好。

以前，国人总把定位和营销挂钩，以为寻找产品卖点，就是定位了。后来中国有了王老吉这个经典案例，定位理论才被正名。之后一系列的产品使用定位，进入人们心智，定位已经远远凌驾在营销之上，和战略放在一个层面了。于是，现在有"战略定位""人生定位""特色小镇"等课题，这都是定位的分支。

定位的核心原理是"第一法则"，要求企业必须在顾客心智中区隔于竞争，成为某领域的第一，以此引领企业经营，赢得更好的发展。

在中国，一讲到定位，总绕不过王老吉。可以说，它是定位理论在中国成功落地的第一个案例。

> 王老吉的定位是：预防上火的饮料，于是有了"怕上火，喝王老吉"的口号。王老吉是一种饮料，要拿到饮料市场来卖，而不是中药。王老吉是预防上火的饮料，怎么把这个定位传播出去呢？
>
> 这就需要有一句口号，一系列广告。那么，拍什么广告呢？传播什么场景和诉求呢？通过吃火锅！那种火辣火辣的火锅，看着就很上火。很上火还想吃，怎么办？就得喝饮料，于是推出了"怕上火，喝王老吉"的口号。
>
> 王老吉因为有了精确的定位，并有了这句口号，仅仅用了六年时间，在国内就超越可口可乐，成为中国饮料市场销售额第一名。

定位为竞争而生，它是一个品牌战略工具。定位就是在目标消费者的心里面占据一个位置。当消费者有了某个需求，在脑子里会列举出多款可以解决问题的产品，这个时候消费者最先想到哪个品牌的产品，谁就赢得了竞争，其他产品就输掉了竞争。

所以，定位可以简单地理解成"首选"。定位是独占第一特性的品类代表，是领导品牌或首选品牌，如图1-1所示。

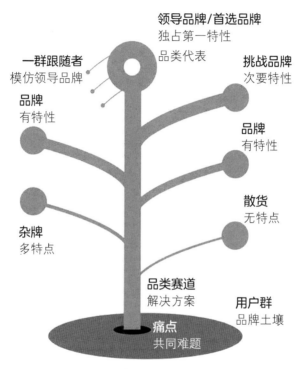

图1-1　定位品类树与品牌果

定位理念长久不衰，自20年前引入中国，至今人们还有浓厚的学习兴趣。但是很多其他理念，人们慢慢不再提起了，哪怕是杰克·韦尔奇"赢的战略""数一数二战略"，还有彼得·德鲁克的经典管理理论，人们提得越来越少。因为他们的理论是基于世界500强企业的工业化生产，现在面对中小民营企业很难用得上，但是定位理论有广泛的适用性。

当你看广告的时候，你不妨从定位的角度来思考，看看这些广告有哪些诉求，有哪些口号，有哪些场景？当你有了特别的目的，你就会发现，广告才是王道，追肥皂剧不是王道。

> 比如，看到江中牌健胃消食片的广告，总会伴随一个吃饭的场景，还有一句"肚子胀，不消化，吃江中牌健胃消食片"的口号。你会发现，产品定位定好了，就不会轻易去变。

这一套操作，就是定位的做法。定位要落地，要找到方向，要找到针对的人群，要找到渠道。

我们今天更需要定位。如今的社会传播过度，海量广告轰炸用户。所以有些公司花了巨额的营销费用，却没有取得预期的效果。而"定位"就是一种捷径，能够让你在用户心智中占据一席之地，让你的广告成为有效广告。

二、外在了解心智模式

定位的心法是心智模式，其核心内容不会变，但外在如何操作，时刻都在变化。

　　比如，你今天可以用APP分享产品，获得佣金，明天APP可能就被关停，分享不了；以前拍广告，用电视播放的格式，现在拍广告，要有两种格式，一种是用手机可以横着看的，另一种是用手机可以竖着看的，就像在抖音上看广告，要竖着看。

　　还有产品的包装，也一直在改变。

　　随着环保理念的普及，饮料包装也越来越环保。以前的产品找明星来代言，现在可以不找明星代言了，公司的员工就可以代言。

　　这些做法表面看起来时刻在变化，实际上只是术的层面在变化，不影响核心本质。不管是工业时代还是移动互联网时代、自媒体时代，本质的内容是不变的，定位的核心是不变的。定位即定心，也就是定心智模式。

　　定位在操作时，需要用到一些心理学方面的知识，需要懂得人们内心深处的想法。不了解人，是无法精准地找到定位的。如何挖掘人们内心深处的想法呢？是通过大量访谈、通过填问卷调查，还是通过做大数据分析？这些都需要，一个也不能少。

　　你会发现，很多做定位的"专家"非常聪明，当场就能找定位、想口号。定位做得"高、大、上"（高端、大气、上档次），口号也喊得很顺，但是产品没有横空出世。定位本就不是这么简单，它要寻找人的心智，还要找到人们思考的规律。只有读万卷书，行万里路，阅人无数，才可以操作定位成功。

有人问："我认识的人不多，会不会影响我对自己的产品做定位呢？"你认识人少也没关系，要对一款产品做定位，可以问别人，问那些你不认识的人，听听他们的意见。如果你做了十年产品，回家在餐桌上还是无法讲出产品的故事，家人也不知道你是做什么的，大概率你的产品根本没有定位。

例如，你是做新能源汽车的，那么，你做的是什么特色的车？如果你的定位不清，你在家也无法讲出产品的故事，你的父母向外人介绍时，只能说："我儿子是做电力汽车的，就是一款和特斯拉差不多的汽车。"

不都是充电的、四个轮子的吗？这样与竞品哪有什么差异化？定位不是拿一本厚厚的说明书，也不是看公司的汽车宣传片，更不是带家人坐上车感受一下，而是需要找到用户的心智。

不妨我们学习一下定位做得最好的领域——洗发水，其中做得最好的品牌，就是宝洁旗下的产品。

宝洁公司在中国市场有五款洗发水，各有各的定位，各有各的特色，各有各的价格，互相不冲突。海飞丝，去屑洗发水；飘柔，顺滑柔顺洗发水；伊卡璐，带香水味的洗发水；潘婷，养护洗发水；沙宣，造型洗发水。

有了这样的定位，广告代言人也不一样。飘柔请谁当代言人？偏重职场长发女士。海飞丝呢？当红明星。伊卡璐呢？一个少女。沙宣呢？一个特别造型的女士，场景一般选在发廊里。

这五款产品，占领了中国一大半的洗发水市场。但是很多人不知道它们都是宝洁公司的产品，是一母所生的亲兄弟姐妹，在选洗发水的时候还在纠结：左手拿着飘柔，右手拿着海飞丝，到底要哪个呢？想来想去，选了更加便宜的伊卡璐。宝洁公司拿下这么大的市场，因为抢占了用户的心智。

那么，洗发水市场还有竞争空间吗？近十多年，确实没有遇到真正的对手。直到与清扬洗发水的较量，但是一开始只是品牌上的竞争，还不是心智上的竞争。直到清扬推出一款无硅油洗发水，才在心智上撼动了宝洁的地位。

清扬洗发水定位无硅油的理念，从而在用户心智中抢到了市场。人们在洗发护发时，只要有硅油，就感觉不太健康。泡沫那么丰富，感觉里面有某种化工的东西。这就是心智再认知，这种认知是很可怕的。

牙膏市场也一样，有一款美国品牌的牙膏，靠纯天然，没有任何工业原料的定位，迅速打开中国市场。

而消费者用其他牙膏刷牙的时候，有大量白色泡沫，其实都是工业调配的。"我们刷牙要的是干净，不是泡沫。"你是不是被这样介绍过？

在洗发水市场，宝洁公司被对手打了个"釜底抽薪"，最后没办法，只能在瓶子上打出一个标识，强调它也是无硅油不伤发。

如果不是心智上的战争，两个行业巨头不过是打打广告，终端做点促销，打来打去，双方市场反而都更好了。但是清扬这个无硅油的定位出来，直接从心智上发起竞争，切下宝洁的一块蛋糕。

通过以上案例，说明人们的消费观受内心影响巨大，心里感觉健康，就是健康；心里感觉不健康，就是不健康。到底健不健康，是产品的定位在教育着我们，不是产品的成分在教育我们。我们设计产品，也要从心智出发，从定位出发。定位越精准，产品越有竞争力，越容易脱颖而出。

三、内在理解心智模式

对于心智模式的认识，仅从外在了解还不够，还需要从内在理解。比如，心智就是找到"去屑就用海飞丝"的那个点；找到"怕上火，喝王老吉"的那个点；找到"送礼就送脑白金"的那个点。

找到了，就相当于找到一大片空白市场，可以一年轻松营收几亿元。但是这样的用户心智不好找。寻找用户心智，是世界上最难的事之一，而定位就是找到用户心智。

心智有什么规律呢？人性就是心智的规律，也是我们研究定位的基础。理解了心智，做定位就有规律可循了。心智有哪些特征呢？如图1-2所示。

第一，喜欢简单
- 简单的东西容易掌握，简单的东西容易传播，简单的东西入心

第二，喜欢比较
- 其实比较不仅是找便宜的，找顺眼的，也是为了让自己心安，许多时候，没有比较心不安

第三，一旦认可，不想改变
- 这是对品牌的忠诚，对产品的依赖。定位的终极是让产品畅销，是让人忠诚和依赖

第四，对事物的记忆非常有限
- 做功能细化，做到细分领域的数一数二。一个公司，可以借第一品牌，打造第二品牌

第五，缺乏安全感
- 老一代怕穷、怕病、怕被骗，新一代人怕没人理解、怕没人关注，这都是人内心深处的想法，理解了心智规律，就能精准定位

图1-2 心智特征

1. 喜欢简单

人们做事情，越简单越容易做成。越简单越容易分清责任和权力，越简单越容易考核。比如，在抖音上看视频，我们就喜欢看简单的剧情，如果有太多的剧情，太多反转，就一滑而走了。

我们家的布置是不是也要简单一点，简单才会温馨。书架也要简单，如果堆的书太多，就不想看书了。

2. 喜欢比较

生活中，比较无处不在。你去超市买洗发水，是不是要从包装、价格上比一比，因为货架上洗发水的种类太多了。你去菜市场买西红柿，是不是也要比较一下，看哪个摊位顺眼？如果都一样，是不是会选一位和善的摊主来买呢？我们看电视，不能只看一个电视频道吧？有几十个频道选择，会更舒服。

我们设计生产的商品，尤其是消费品类，要不要设计三款让顾客选择呢？有三款，人们就会更快地做出选择。如果独一款，人们会在买和不买之间选来选去，可能最后选择了不买。这种心理很微妙吧！这是比较的心理，人类自古就有。

3. 一旦认可，不想改变

一旦认可，不想改变，这是心智成熟的表现，也是定位精准的表现。

比如，你买了一瓶无添加剂的酱油，味道很香，直接用来拌米饭，都能吃三碗。无添加酱油直接进入你的心智，一旦认可，未来10年，你们全家可能不会更换酱油了。吃大米也是这样，你吃惯了一种，也不想换了。

往往中产家庭喜欢订制产品，因为认可了，不想改变，也不想花时间选择了；更富裕的家庭，他们会在全球寻找更加优质的商品，最后也会认可那么一两款。

比如，有人认准5年陈酿的茅台酒，但喝了10年陈酿的，不想再喝5年的了。直到有一天，喝到20年陈酿，又不想喝10年的，就是这样一直在寻找精品。

我们做定位，就要通过大数据进行大量调研，找出用户认可的那个点，直接拿出来做定位。

4. 对事物的记忆非常有限

人们的记忆力非常有限，很多东西只能记得第一、第二的品牌，第三就记不住了。我们做品类定位，就是把行业细分再细分，找到细分领域的第一、第二，这样就可以进入大家的心智。

比如，你是行业第一，强调全球销量第一。我就不能跟你比销量，而要在功能上找细分，成为细分领域的第一，同样也可以进入用户心智。

因为人们的记忆力非常有限，一个行业可以容纳两个品牌。所以行业第二照样可以进入用户心智，甚至活得比第一还要好。酱香型白酒第一是茅台，第二是青花郎，青花郎跟在茅台后面就行。茅台要不断证明我是第一，但第二不需要证明。

一个公司也可以打造两个知名品牌，下面是那些进入用户心智的品牌。

可口可乐是第一品牌，雪碧是第二品牌；百事可乐是第一品牌，佳得乐是第二品牌；雀巢是第一品牌，优活是第二品牌；养生堂是第一品牌，尖叫是第二品牌；蒙牛是第一品牌，特仑苏是第二品牌；乐百氏是第一品牌，脉动是第二品牌；娃哈哈是第一品牌，营养快线是第二品牌。

其实娃哈哈有20多款饮料，最后只有营养快线冲出市场，冲到人们心智中。

5. 缺乏安全感

人们天生缺乏安全感，害怕一些东西。有的人怕穷，有的人怕鬼，有的人怕孤单寂寞。像那些50后、60后的人，对钱抱有紧张感，怕穷，怕病，花钱怕被骗，投资怕失败。现在00后对钱就有安全感，感觉父母总会帮自己解决，那些父母对自己非常小气，但是对子女的教育非常大方。这都是时代决定的安全感。

人们在生活上也特别没有安全感，所以会选择安全性能高的产品。

比如，买汽车，选安全的；买电水壶，选安全的，水开了，能自动断电的那种；买商品，能选德国品牌的，尽量选德国的；有些人上课也没安全感，喜欢早来坐在前面，怕坐在后面听不到老师讲课。

我们做产品，要在功能上让人放心，场景上让人安心，体验上让人开心。

无硅油不刺激，是用户安全诉求的洗发水；格力空调，每天省一度电，用户感觉安全可靠；买钻石，选择去高档的商超，如果你的珠宝店开到巷子里，恐怕人们就没有安全感了；买名表，最好选择二楼、三楼，人们可以慢慢去试戴。

四、定位解决战略问题

在企业发展中，定位处在什么位置上？是战略，还是战术？是一把手工程，还是部门工程？是随便做一做，还是认真去做？其实，定位是战略，是一把手工程，必须认真去做。不管你是给企业做战略定位，还是给城市与政府做定位，都要找到一个可以升级的方向。

企业需要定位，模式需要定位，产品也需要定位。我们学习定位时，不要把定位给定得那么死。谈起企业发展，定位是寻找方向；谈起产品，定位是寻找用户心智；谈起自媒体，定位是找到一种人设。

我们先把定位的理论学通了，才可以更好地落地。下面介绍战略定位落地的"三问三化"法。

三问就是：你是谁，你从哪里来，你要到哪去。这三问经典吧！保安经常问，咨询师经常问，做定位的时候也要问。怎么回答呢？要跳出企业来回答，跳出行业来回答。

例如，某定位专家问一家地产创始人杨总："你是谁？"杨总说："我就是个卖房子的。"定位专家说："不是，你是给人安家的。"于是，这家公司找到了定位：给你一个五星级的家。后来把这条定位做成广告，刊登在所有的主流报纸上，让其一战成名。

你从哪里来？这是问的发心，要认真回答。你要到哪去？是找到未来发展的方向。

以上是三问，三化就是差异化、领先化、权威化。

什么是差异化？就是找到与别人的差异点。万事万物，只要找到一点就足够了。所有洗发水功能都差不多，你的产品只能找一点不同，不能有太多的不同。海飞丝洗发水的不同是去屑，飘柔洗发水的不同是柔顺……

产品的差异化是这样，服务也是这样。

比如，航空公司的服务，相同的都是平稳起飞、安全落地、不保证准时，但是服务上有差异化。国航、东航、南航、厦航，都有免费食品，都能免费托运，要说有差异，也就是一点点差异。

但是春秋航空差异化比较大，椅子很窄，行李收费，喝一杯水也要收费，飞行的时间要么很早，要么很晚，但是机票便宜，这就是差异化。找到差异化，也就找到了定位。

什么是领先化？快人一步，就是领先。你也不要领先太多，很多中小民营企业，因为领先太多，最后反而失去了市场。像那些企业集团实力强，领先市场怎么办？稳定前行，一步一步来。海尔洗衣机领先市场10年，但不会把产品全部投放市场，每年上一个新款就行。格力空调已经研发了几代，只会一代一代地投放市场，这就是领先。

服务也有快人一步。顺丰快递有自己的运输飞机；京东在全国各地都有仓库，就近发货；新潮广告，可以让你的广告一夜之间投到楼宇广告屏上。

什么是权威化？权威就是标杆，就是大家参照的对象，就是行业指路的明灯。很多央企，行业垄断企业，都是权威。民营企业有没有权威呢？当然有，像华为、老干妈辣酱、福耀玻璃等，都是行业标杆。

总之，用三化找到定位，差异化找到一点不同、领先化找到一点优势、权威化建立行业标准。三化和心智要结合使用，寻找心智做定位，是一种细致入微的手段，越钻越深，越钻越细。时间久了，可以让思维变得缜密，滴水不漏。

"三问三化"法做定位，可以开阔我们的眼界，让思维没有边界，让格局变得更大。我们把这两种思维结合在一起，中庸而行。格局可大可小，思维可高可低，从而定位做得更加精准。

五、定位解决营销难题

定位最容易解决什么问题？肯定是营销问题，定位和营销关联最密切。定位理论在人们的心智中，是为了找差异化，为了卖货，而不是做战略，不是务虚而是务实。

越竞争激烈的市场，越离不开定位理论，特别是应对当前市场的五大挑战。

1. 一创新就被模仿，一模仿就被超越

产品最大的竞争力，莫过于"一直被模仿，从未被超越"。模仿并不可耻，被超越才可耻。很多企业被模仿，还被超越，甚至最后被迫退出了市场，怎样破解这个营销难题？

例如，红牛这款功能饮料，其实一直没有竞争对手，在它的品类里面，独此一家。红牛过去有一句口号："困了、累了，喝红牛。"这也是深入人心的口号，后来居然改为："你的能量超乎你的想象。"这个新口号，念出来都觉得别扭。

这时，东鹏特饮也开始做功能饮料，口味和红牛差不多，还把红牛丢掉的口号给捡起来了："困了、累了，喝东鹏特饮。"这不仅收获了客户，还收获了用户心智。

我们在模仿与被模仿的时候，记得寻找差异化，并且防止差异化的内容被别人超越。也许只是心智上那一点差异被超越，心智优势就没了，市场基本就输了。

2. 产品好，卖不好

产品好，为什么卖不好？显然是用户不认可。用户为什么不认可？因为心智中没有你家的产品，怎么解决这个营销难题呢？

例如，很多青年男女买过迪奥口红。专柜上一支口红，价值380元，然而代工价不到19元。要是这款口红不打上迪奥的标志，恐怕免费送也没人敢用。毕竟这是口红，是涂在嘴唇上的，不敢乱用。怎么解决这个问题？

产品好，也需要打广告。口口相传的营销方式会变味，最好的办法就是用视频提高曝光率，用视频展示现场，让客户看到生产的部分流程，改变用户的心智。当然，和大品牌签保密协议的内容，不要展示。

3. 产品变成负利润

以前的产品是低利润，像刀片一样薄的微利；现在很多产品，甚至卖一件亏一件。直播间里有很多9.9元包邮的产品，三分之一的产品是零利润，三分之一能赚1元，三分之一会亏损一点钱。

为什么赔钱还要卖？就是为了引流，为了促销，为了带动其他产品。

例如，以前是购物节做促销，像京东618、苏宁818、抖音921、天猫双十一等；现在电商做促销的特别多，动不动就是购物季，三个月就来一次大促销。就这样还在继续内卷，迟早有一天，天天过着各平台的购物节。用户买东西，就挑购物节来买就行。实力好的，通过促销，过得更好；实力不好的，停止促销，马上没有销量。

不停止促销，亏得更多，这个难题怎么办？

融资解决不了问题，你亏损没人给你投钱；分钱解决不了问题，你自己都没钱，分钱也激励不了团队；打广告解决不了问题，没钱你怎么打广告。怎么办？上抖音做直播。让你们的员工当"演员"，展示你们的工厂，展示你们认真做事的态度，展示你们用心的过程。换一个竞争的赛道，总强过天天促销吧！

4. 定高价，没竞争力

有些产品，因为是手工制作成本高，卖的价格也特别高。

比如，仁昌酱油厂位于千年古镇安昌镇，它生产的是头道酱油，一瓶500毫升装要卖220元。这当然是零添加的好产品，全都是晒出来的好酱油。在大太阳的天气下，要不断地翻豆子。他们酿造酱油用的大缸，都有上百年的历史，经检测，里面都是益生菌。这样地地道道的好产品，实实在在的工艺，没有品牌溢价，都是产品工序折算出来的价，怎么营销呢？

这个好解决，在中国用高端酱油的家庭有很多，要让他们看到。

据说，中央电视台也采访过仁昌酱油厂的负责人，报道过一些实况。只要中产阶层和更富裕家庭看到，他们会主动购买，他们理解手工酱油的价值。真正的好酱油，可以直接拌着米饭吃。

其实还可以更进一步，把千年古镇安昌打造成手工酱油的特色小镇，这样会有更大的品牌效应，有更好的心智模式。聚焦于酱油这一个品类，千年古镇就会变成心智清晰的酱油小镇。

还有没有酱油小镇呢？真有一个，在先市。

先市不是一个城市名，而是个镇名，叫先市镇。隶属于合江县，合江县又隶属于泸州市。也就是说，先市是泸州市下面的一个小镇。泸州市已经有一个心智品牌——泸州老窖。这足以把先市酱油压制住，让人们感觉泸州就是白酒大户，而不是酱油之乡，因此先市酱油在全国鲜为人知。如果哪一天先市镇成为酱油特色小镇，仁昌镇就可以顺势而为，定位手工酱油小镇。手工酱油比特色酱油还有特色，这就是城市定位，这是更大的定位范畴。

5. 不投流没效果，投流并非能活

现在市场上什么最贵？流量最贵，尤其是自然流量。

以抖音为例，三年前的创作者只有1亿多，自然流量有很多，你只要发视频，就有人看，就有效果。两年前创作者有2亿多，只要视频品质好，机会还是有。一年前抖音创作者有3亿多，流量就少了很多。2023年抖音创作者更多，自然流量基本没了。只要不投流，你的目标用户不一定找得到你。

抖音和微信有本质的区别：微信朋友圈是私域，只有朋友能看；抖音是公域，人人可能会看到，但是发布内容太多，很难看到你要的内容。

创作者是发视频的人，不是看视频的人，大家不要弄错了。在抖音上看视频的人，已经超过10亿，我们要不要投流呢？

当然，投流才有机会，但是投流是一门技术，比视频剪辑更难的技术。

手里没闲钱，就打造好人设。如果没有人设，投流也没用。手里有闲钱，就可以投流，一是获得流量，二是掌握投流技术。在投流面前，人人平等，你有投放技巧，你的阅读量和点赞量就会暴涨。

六、定位解决管理问题

管理里面也有定位，你学会定位，对你管理企业也大有帮助。

创业初期，单枪匹马去创业，这时也有定位。把一个人活成一个团队，当然是必要的，因为只有这样你才能够高效节约成本，把市场撬开。这时候创业者的状态是：白天当老板，晚上睡地板。这其实就是创业者的定位。这说明了什么？创业者有两个定位：一是拼命的，二是续命的。

随着企业发展，有了团队后，是不是要涉及分钱、分股、分权呢？创业者拼的是命，员工拼的是时间，这是企业管理中对人的定位。作为创业者，你给谁分钱，你给谁分股份？你总得有个参照吧！这个参照，是不是要看人呢？

业绩好的分钱，人品好的分股。这就得对人有一个定位，你认为他是优秀的，是能跟你一路走下去的人，也许一年、两年可以，但发现更长的时间他并不行；也许你对他的定位是错的，也许他被时间改变了，被钱改变了。所以说，管理是动态的，定位也是动态的。

企业管理中，除了对人的定位，还有产品定位的管理问题。

例如，可口可乐经营150多年来，它的定位一直在变。一开始对产品的定位是药水，没销量；接着定位是糖水，没销量；后来定位是汽水，有销量了；再后来定位喝得爽，销量大增。

但是今天，可口可乐还受到另一个定位的冲击，那就是健康。人们会寻求一种既健康，又喝着很爽的饮料。有营养的，喝起来都不是太爽；喝得爽的，偏重口味的，又不是太健康。如果谁能找到这个健康又好喝的饮料市场，谁就能切出一块蓝海一样的市场。

国内企业在产品定位管理上，也下足了功夫。

比如，娃哈哈近年来推出了至少10款饮料，你可能不知道是哪些款，因为这些饮料可能做了一年就停止了。他们还是坚持不懈地寻找新的定位，根据定位来研发产品。现在你知道定位的重要性了吧。

新能源汽车也是一样。

新能源电池有五种：钴酸锂电池、磷酸铁锂电池、镍氢电池、三元锂电池、石墨烯电池。在电池方向的发展，没什么突破，造车企业也没法在电池上做定位。那么，在哪里寻找定位呢？只能找驾驶的乐趣。在汽车娱乐方面下功夫。你去车展看看或者看看抖音里"说车"的短视频，看看他们在强调什么？全是强调这车的音响有多好，后座有多大，车厢有多大，居家旅行有多爽。只能从这些地方抓住人们的心智，如果找到了，这款汽车的销量就可以上去。

也许再过五年，新能源汽车行业也会和智能手机一样，剩下两三家巨头在比拼。竞争少了，意味着定位更加清晰了，每家抓到更多的客户，这样行业的格局就形成了。所以在商业模式里面，也有定位理念的存在。

七、定位解决人设问题

做自媒体，同样需要定位。第一波红利来自公众号，当时做好定位，专注于某一个方向，每天做好更新，就能赚到流量。公众号最高打开率，能达到80%。也就是1000个粉丝，有800个人会打开看一下。

后来公众号流量红利迅速降低，人们开始上头条。这时公众号的打开率，最多到10%。头条上面的内容更加丰富，但是打开率也是高开低走，现在也不多了。从2015年开始，很多头条作者，可以月入过万元，但是到了2020年，写什么文章都难以赚到钱了。

人又跑到哪里去了呢？跑到抖音上看短视频了。短视频在流量红利期，发一条一分钟的内容，播放量可以轻松过万。随着抖音用户越来越多，抖音主播也越来越多，流量就越来越分散了。

因此，要想做好自媒体，有两个要素要齐头并进。一是时代红利，二是定位精准。

自媒体如何获取流量？最好是顺着时代来做，什么平台火，我们就去做什么平台的内容，这样就容易做起来。说白了，就是人们喜欢玩博客，你就用心写博客，你不就获得流量了吗？当人们喜欢看短的内容，开始看微博，你就要写微博。如果这时你还执着于写博客，写长内容，你的粉丝都跑了，你写得再好，看的人也少。之后人们开始看短视频内容，如果你还执着于写短文章，那么粉丝都跑了，你写得再好，看的人也少，而且很多人会毫不犹豫把微博这个APP删除，完全看不了了。

平台一直在变，但是个人定位没有太大改变，不管写长文章，写短文章，拍长视频，拍短视频。

比如，定位"人力资源专栏"或者"专业律师"，这些是不会改变的。或者你有更多实战的头衔，比如你是"华为全球招聘负责人"，离职以后，你做了讲师，同时也做自媒体，你的定位变成"原华为全球招聘负责人"，分享一些关于华为的故事，分享人才招聘与引进的故事，还有招聘的心得。

那么，不管你是用文字分享，还是用视频分享，不管是课堂上分享，还是对着屏幕分享，你的定位并没有变。而且你也不用变，定位解决了你的人设问题。

普通人要想做好自媒体，首先需要想好的两个问题：作品定位和人设定位。具体来说就是什么样的定位，会有什么样的内容布局，吸引什么样的目标人群，拥有什么样的涨粉速度，获得什么样的引流效果，选择什么样的赚钱方式。自媒体定位方法，如图1-3所示。

图1-3 自媒体定位的方法

1. 行业领域定位

领域越垂直，账号越值钱，效果就越好，领域定位后，要做垂直定位的内容和作品。即一个账号只专注一个领域，不能今天发服装、明天发美食、后天发游戏。

如何定位领域类目呢？你要知道自己可以做什么？擅长什么？你能满足观众的什么需求？然后根据这些指引去做定位，这样既能保持长期稳定输出，又能解决粉丝用户群体的问题。

2. 人设定位

打造人设，记忆点和人设的标签，让用户在想起某个标签第一个就想到你。人设定位公式如下：

人设定位=特长+性格+外在形象特点+固定人物分类+兴趣/职业

不妨给你的人生做一张履历表，把你所有经过都写明，做好个人定位。也就是在自媒体上面的介绍，写在哪里呢？比如，抖音的主页上，知乎的简介上，微博的简介上。写多少呢？三四句话，写多了字数就超了。这个简介的第一句话，就是你的定位。

第一句话写什么呢？肯定写"你最拿得出手的介绍""你最值得骄傲的介绍""你得过最大的一个奖""你取得最大的社会成就""你参与过最大的一个项目"等。其实人人都知道，就是挑一个最大的，这就是人生定位。

第二章

定位
操作

如何重塑品牌定位

要打造品牌定位并有效落地，除了要先有壮士断腕的决心做到聚焦和取舍，更要把握里面的核心，那就是要形成明显的差异化。

一、定位与四大商战模型

战争有四种类型：防御战、进攻战、侧翼战、游击战。人们将其用在了商战上，演变成相对应的四大商战模型，我们的企业竞争、产品竞争、品类竞争都离不开这四种商战模型。那么，企业究竟选择哪一种商战模型呢？

这由你的实力来决定。如果你非常强大，还打不打游击战呢？当然不打，你强大的时候，要打好防御战。当你非常弱小，打不打游击战？你只能打游击战。一般情况下，100家公司里，大概有2家打防御战，2家打进攻战，3家打侧翼战，剩下的93家打游击战。

1. 防御战模型

先看防御战怎么打？有以下三个原则。

第一个原则，只有市场领导者，才有资格打防御战。每个行业一般会有2家巨头，占据第一梯队，傲视群雄。

比如，可口可乐和百事可乐、奔驰和宝马、波音和空客、麦当劳和肯德基等。两家巨头之间也会互相进攻，也会针尖对麦芒地做战略，但是对于其他公司，双巨头都是打防御战。

第二个原则，最好的防御战，是自我进攻。因为你已经站在行业顶尖，你是引领者，你就要自我革命，自我创新，继续成为对手的学习榜样。巨头一直在被模仿，从未被超越。

比如，格力空调，不断推出新产品，成为别人模仿的对象；再比如，苹果公司系列产品，上面没有对手，只有自己迭代新品，不断超越，继续引领。

第三个原则，时刻阻止别人的攻势。你已经跑在了最前面，你已经是行业引领者，你在山路开车，前面都没有车，那么你的对手就只有你自己。你要时刻且防御别人的进攻，这就是防御战。大企业为什么有公关部、法务部、专职律师？原因就是做防御用的。

2. 进攻战模型

进攻战由谁发起呢？一般是由行业第二名或第三名发起。敢向领头羊发起进攻战，实力一般都很强。进攻第一名，不一定能打赢，但是只要敢于挑战，在外界看来，它们是同一个梯队的。

比如，当年可口可乐是饮料界霸主，百事可乐是其中一家比较弱小的企业。百事可乐对可口可乐发起了战争，宣称自己代表新一代可乐，可口可乐是老一代可乐。最终没打赢可口可乐，但是也没输，通过这个心智战争，把其他可乐公司打败了，百事可乐跻身于第一梯队。

进攻战也有三个原则。

第一个原则，攻其反面。反面是哪一面呢？白天的反面是黑夜，快的反面是慢，贵的反面是平价，强势的反面是弱势。

比如，鄂尔多斯羊绒衫，强势的地方就是价高，于是另一家公司推出平价羊绒衫，把价格打下来，抢到一些市场。当然鄂尔多斯也没有输。

第二个原则，攻其弱点。这个好理解，就像女子防身术，专攻坏人的弱点，因为正面你打不过，只有攻击弱点，才有可能脱身。一个公司即使大到不可战胜，也一定有相应的弱点，这些弱点就是你可以进攻它的地方。

第三个原则，狭路进攻。不能在宽阔的地方和领先者搏斗，就要找狭窄的阵地发动进攻。古语说，狭路相逢勇者胜。在狭窄的山谷，能阻挡对方千军万马。因为路窄，你有多少兵马，也是一字长蛇阵过来，商战也是寻找窄的地方。

比如，有一段时间，江小白横空出世，就是切出白酒中一个很窄的市场，用炫酷的包装，加上炫酷的文案，获得年轻一代人的市场。但好景不长，毕竟白酒行业还是口味制胜，每个口味都有固定的人群。

但是同样口味，人还是会向上变化。也就是说，你喝了10年酱香型，就不想喝5年酱香型的酒了。喝了15年酱香型，再回头喝10年份的，就会觉得口味很不对劲。

3. 侧翼战模型

侧翼战一般是在远离领先者的地方来打，而且不要引起领先者的注意。还有一个区域，就是领先者看不上的市场，也可以打侧翼战。

侧翼战的三个原则如下。

第一个原则，巨头看不上的地方，巨头不想打的地方，就是侧翼战的市场。

比如，你是星巴克，小区里的市场你做不到，就给其他企业留下了竞争的地方，于是蜜雪冰城横空出世。它出道两年，就开出2万家店，基本上每个小区都有一家。同样，瑞幸咖啡在写字楼里面打侧翼战，也占领了星巴克没有触及的地方。

第二个原则，局部进攻。不能和领先者正面进攻，要选择其中一个局部来打。

比如，长城汽车选择局部市场，推出经济型SUV汽车，用这一个点，攻下了日系车企一部分市场。销售额从2008年开始的80亿元，增长到现在上千亿元。

再比如，无硅油洗发水，也是用侧翼战，在海飞丝和飘柔手中，抢到一片市场。但是不能用去屑这个概念来打，去屑你永远赢不了海飞丝。商战不仅是企业之间的战争，还是品类之间的战争。

第三个原则，乘胜追击。只要打出一点优势，你就继续扩大优势，并且坚守这个优势。很多中小企业创业者，在局部打出一点市场，成为细分领域的领先者，就开始飘了，认为自己是行业领先者。

比如，当年有一些公司，拿到了支付牌照，就想和微信叫板。现在什么结果呢？支付只是微信一个局部，微信还有其他竞争力，微信稍微调整一点，就能碾压你。飘忽的创业者实在太多了，就不一一举例了。

4. 游击战模型

商战中，游击战模型用得最多，因为我国的中小民营企业特别多。

游击战的三个原则如下。

第一个原则，快速反应，打得赢就打，打不赢就跑，一旦有失败迹象，马上就跑。打不赢不代表打输了，而是为了保存实力，下次再战。也就是说，跑了不是败了，跑了不会有太大损失，这就是游击战的精髓。

第二个原则，找到一个细分市场，找一个细小的品类，成为小池塘里的大鱼。这就是市场的生存之道，总有一块市场能让人活下来。

第三个原则，坚守小而美，不要有了一点成功，就去学习领先者。

例如，过去十年最牛的三家公司——BAT（百度、阿里、腾讯），它们是引领者。但是互联网行业兴起，很多公司打游击战，有一点成果，纷纷学习BAT的做事方法，引进了KPI平衡积分卡，用上了庞大的管理软件，忘了自己是中小企业，最后要么被收购，要么在市场上消失了。

这是以上四种商战模型，最后我来对三大定位原则做个总结。

第一，现在商战主要不是产品战，而是品类战、人才战、情报战。

第二，商战只是一时，时间不会太长，比起人的一生，商战只是一个短暂的阶段。3Q大战、360大战QQ，也就打了几个月。最强的企业，其实也就是几年，最大的风口，也就是几年。再风光的人，也就风光一时。

第三，企业商战时，会打出四个梯队。梯队不变，里面的企业会变化。但是企业如何变化，依然继续进行着这四种商战。第一梯队就是前两名，会打防御战；第二梯队就是第三名、第四名，会打进攻战；第三梯队就是行业前十名，会打侧翼战；其他公司打游击战。

二、定位与经典的营销4P

定位的落地，需要两个基础知识。一个是商战模型，另一个就是4P理论。

4P理论是麦肯锡于20世纪60年代提出的，是以产品为导向的理论。

4P理论被归结为四个基本策略的组合，即产品（Product）、价格（Price）、渠道（Place）、促销（Promotion）。这个理论不仅是我们学营销的启蒙，还是学定位的敲门砖。

20世纪90年代，美国营销专家劳特朋教授提出了4C理论。它以消费者需求为导向，重新设定了市场营销组合的四个基本要素：即消费者（Consumer）、成本（Cost）、便利（Convenience）和沟通（Communication）。强调顾客满意度是第一位，当时全社会流行一句话，顾客是上帝。

到了2000年后，艾略特·艾登伯格又提出了4R理论，它的四要素是：关联（Relevancy/Relevance）、反应（Reaction）、关系（Relationship/Relation）、报酬（Reward/Retribution）。看到这四个元素，你感觉是以什么为导向的？以关系为导向。当时社会流行一句话：有关系用关系，没关系找关系。

2002年，特劳特中国公司成立，由于王老吉的成功案例，把定位理论推到顶峰，之后慢慢没人再提4C、4R理论了，反而回归到4P。做定位离不开4P，我们来看王老吉的案例，如何从4P入手的。

当初王老吉是一个凉茶品牌，销量一般，市场局限在广东和浙江温州一带。给王老吉凉茶做定位，就不能以卖凉茶的形式来销售了，要定位成一款饮料。什么饮料呢？预防上火的饮料。自此以后，王老吉在人们的心目中，就是预防上火的饮料了，只要吃烤串、吃火锅，就想着喝王老吉。因产品的定位，销量马上暴增。2002

年销售额是1亿元，定位以后，在2003年就完成6亿元的销售额，2004年做到了14亿元的销售额。

产品定位后，就是定价策略。红罐王老吉3.5元/罐，是不是有点贵呢？没关系，王老吉还有盒装，2元/盒，正好做价格补充。

定价以后，是渠道和推广策略。由谁来推广呢？是红罐团队，还是绿盒团队？当时的红罐团队是加多宝，他们的地推能力可以说是全国数一数二的。

整个定位落地，是不是用了4P做基础呢？如果用4C或4R来落实定位，从哪里开始呢？脱离产品做定位，都是偏离商业逻辑，违背了生意之道。所以说，要用4P理论为基础，来落实定位。当定位确定以后，可能还会升级4P，改变产品设计理念，改变产品价格，改变促销规则，优化渠道。

我们再来看一个案例，看定位做好，如何升级4P。

百事可乐作为知名品牌，在它的发展史上，经历过多次危机。曾经遇上困难，想找可口可乐收购，可口可乐直接拒绝。百事可乐的负责人说："你收购我，一元就行。"意思是象征性收购，可口可乐还是拒绝了。又找第三次，可口可乐的意思是：我不收购你，我要弄死你。

收购不成，百事可乐被逼得没办法，只好重新定位做市场。

定位成什么呢？年轻人的可乐。在我们国内，它被称为新一代可乐。有了这样的定位，百事和可口就完全区隔了。百事可乐定位为新一代可乐，可口可乐就变成老一代可乐了。有了这个定位，百事开始改变策略，升级4P。

第一个P：产品。百事可乐面向年轻人，口味就得改变一下，要比可口可乐甜一点，年轻人喜欢。包装上也要改变，用上年轻的颜色，时尚的元素。可口可乐是红色，百事是蓝色。

第二个P：价格。价格要降下来，因为年轻人不太有钱。百事可乐的最终定价，比可口可乐便宜一半。

第三个P：渠道。在哪里促销，找年轻人扎堆的地方，街头、网吧、学校。学校里面不容易推广，就找学校周边来促销。

第四个P：推广。用什么推广，年轻容易受什么影响？明星。当时最红的明星是谁？迈克尔·杰克逊。所以百事找到迈克尔·杰克逊，花了500万美元，这是第一位百事代言人。有了明星的影响，百事可乐红透半边天，变成可口可乐敬畏的对手。后来明星推广的策略，用到了全球。百事会找当红的明星做代言，可口可乐会找实力运动员做代言。一个关联娱乐，一个关联体育。

这就是定位改变4P。你在做定位操作，基本上也是这样思路，要围绕产品来做定位。再来看一个案例，还是和百事可乐相关的。

百事可乐与可口可乐两大品牌，共同占据着用户心智。之后两家公司开始发力第二品牌，做什么呢？可口可乐做雪碧，百事可乐做七喜。

雪碧是可口可乐在1961年推出的，七喜是1929年就有的品牌，后来百事可乐把七喜收购了。当时七喜怎么定位？非可乐。这个定位可谓"稳、准、狠"，一下把整个饮料市场一分为二，一边是百事和可口的可乐饮料，另一边是非可乐的七喜。这个定位，不仅创造出一个新产品，还创造了一个新市场。这个策略叫品类定位，也是落实定位的重要方法。

七喜的定位，可谓借助了两个可乐的品牌势能，还找到自己的独特区隔，当年七喜的销量就增加10%，后来成为世界第三大饮料。当然，七喜的销量，可不是王老吉可以对抗的，需要雪碧来对抗。

时代变迁，市场变化，七喜告诉了消费者，自己不是可乐，却没有告诉消费者，七喜到底是什么？这个定位让七喜领跑了一段时间，最终还是败给了雪碧。雪碧定位是冰爽，可以说是在品类里一枝独秀了。

　　雪碧没有品类对手，自己就变成自己的对手。在2019年9月，雪碧选择透明瓶子，放弃了坚守60多年的绿瓶子。把标志性的绿瓶子，变成透明的瓶子，消费的心智也变了。以前看到绿瓶子，知道是雪碧。现在看到透明瓶子，会想到什么呢？

　　这些商业案例，我们继续关注，并分析商业案例。锻炼定位能力，提高商业智慧。

三、定位就是最好的营销策略

　　营销理论越来越多，营销结果却越来越差，这是为什么呢？因为大多数的营销理论，都偏离了本质。产品如果没有竞争力，就需要营销理论来辅助。产品越差，营销手段就越多。

　　比如，一些所谓的保健品，成本几十元，能卖到几百元、上千元，靠什么"暴利"销售呢？靠的是连续使用一大堆营销理论，埋下很多伏笔。先让人参加会议，说会议上有大礼品，还可以免费享受30年资格的老中医亲自把脉，可以检查出你的"未病"。未病就是还没有得，是未来可能会得的病。

　　你说没时间，自己还年轻，没关系，他们还有后招。他们会说，下个星期，有一个生命讲座，是一位有50年功底的大师亲自讲解。要想发财，可以参加这个活动。

反正，总有一个讲座让你参加，当你进了这样的会场，就是一轮一轮的造势。音乐、节奏、舞蹈，还有主持人的煽情演说，主讲嘉宾的财富指引，你一步一步上钩了。最后把你钱包掏空，把暴利的产品，成功地推销到你手中。你以为这样就完了吗？你购买了产品，还只是一个体验者。你要是想赚钱，需要升级为代理商，需要更多的产品。你自己用完，还可以分享给家人，分享给朋友。

以上保健品营销中，用了多少营销手段呢？有邀约技巧，有心理技巧，有行销技巧，会议现场还有音乐技巧、造场技巧、演讲技巧、杀单技巧、配合技巧等，每一个让你舒服的地方，其实都有一个理论。每一个让你揪心的地方，也有一个对应的理论。

同样，点对点销售、经销商销售、渠道商销售、大卖场销售、会议营销、网上的销售、直播间的销售等，各种各样的销售都要营销理论。但是这些理论，都不是根本，都没有接近本质。

你说苹果手机需要这些营销技巧吗？从史蒂夫·乔布斯

发布第一款iPhone开始，他就特立独行。他只是开发布会，每年开发布会，就赢得全球粉丝的芳心。然后每年推出的新款颜色，都会成为年度的流行色。比如今年发行了海水蓝，这个蓝色就成为消费品的主流颜色；明年推出粉色，粉色就变成流行色。iPhone的营销理论只有一条：好的产品自行走路，好的产品自带宣传。

产品自身定位好，营销只需一招。这就是营销的逻辑。

在营销的4P理论中，有一个元素是价格，价格不合理，同样有问题。不要说假货就是功能假，价格假的产品一样是假货。渠道布局有猫腻，同样是假的。比如走的渠道不合商业法，哪怕功能是真的，产品最终还是会被查的。

比如，湖北就有一个卖保健品的，一箱有6瓶酒，原价就是84元，但是要卖出1680元，最后被警方查处。这样的价格不仅扰乱了市场，也欺骗了消费者。

什么资质可以造什么样的产品，这就是产品规则，也是商业规则。假如你是卖酒的，酒瓶的密封要非常好，至少保持20年不漏酒，还要做好防伪，最后酒的包装还要好看，要醒目，这些不都是酒的全部吗？难道酒的味道特别好，你只抓味道吗？

如果说产品是1，包装、渠道、价格就是后面的0，只要有一个0不好，产品就卖不好。那么，是什么决定1会变好？这就是定位，找到用户心智的资源，找到用户的渴望。顺着用户的渴望来设计产品，就能把1做好。

十年前，市场上出现了很多营销高手，比如营销奇才、营销大师、营销鬼才。这些人各有各的绝活，都有自己的理论。奇怪的是，在当下的直播带货面前，他们的营销理论全部失效，他们的思想全部没用，他们亲自直播带货，没人埋单。

反者道之动，弱者道之用。我们要倒过来，改良产品的配方，改造产品的包装，改进产品的效果，让产品更加符合人体工程。让产品摆在那里，就能吸引用户眼球。让产品的广告播放出来，大家就愿意去了解。这些要素都是定位的事，都是全方位定位的事。不要以为一个点子就能改变一个销量，不要以为找对一个方向，找一个品类，找一个用户群，改造一句口号，投放一条广告就有效果。一招鲜，已经不能吃遍天，一个点子不能拯救一个产品，上亿元广告投放也赚不到上亿元。我们要全方位学习定位，全方位落地定位。

四、定位前六种用户研究

产品定位好不好，企业领导说了不算，办公室的人说了不算。那么，谁说了算？目标客户说了算。客户认可你的定位，定位就好；客户不认可，定位定得再好，口号编得再精妙，效果也很差。

例如，史玉柱在珠海创业失败，他到了上海，瞄准了老年人保健品市场，推出了一款产品——脑白金。这个产品不是治疗用的药品，而是保健产品。定位也精准，但是卖的并不好。因为老年人自己买一盒脑白金，在小区里走，其他老年人看到就会问：你这是买的啥？

老人说：脑白金。

别人问：有什么用呢？

老人说：这东西好啊！滋补身体，延年益寿。

其他老年人就会想，这个老家伙的，还真懂得给自己进补。这是当时很多人的真实想法。后来史玉柱就和一些老人聊，他发现：每个老年人都想健康长寿，自己却不好意思买脑白金。买了以后，不仅其他老人会说闲话，自家儿女也会说。有时候买一盒脑白金，还得用黑塑料袋罩着，怕人看见。回到家，他们只能偷偷摸摸地吃，怕儿女看见。

普天之下的儿女，都想让父母长寿，但都不太支持老年人买保健品。一是老人防备心差，怕被骗；二是保健品行业，假货横行，搞不好吃出人命；三是儿女认为，真有这么好的东西，也不应该让父母买，儿女应该买来孝敬父母。

史玉柱了解到这些情况后，改变了定位，不再强调功效，而是强调送礼。目标客户不再是老年人，而是年轻人。当时拍的广告：孩子和爸妈一起逛超市，孩子说，要买脑白金给爷爷奶奶喝，让他们身体棒，爷爷奶奶都得喝！话外音：送礼就送脑白金，孝敬爸妈送脑白金。

由子女买了送给长辈，这个营销大获成功。后来推出黄金搭档、黄金酒，同样的套路，同样的广告逻辑，同样取得了成功。

我们做定位，要分清用户群体，有针对性地做定位。一款产品，会影响以下六类用户，如图2-1所示。

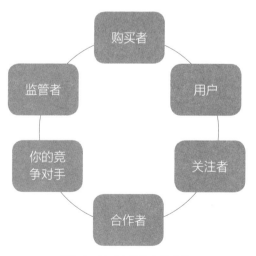

图2-1 针对六类用户做定位

这六种人都要重视，哪个环节重视不好，结果都是惨败。脑白金最初的广告，三代人在一起拍摄，不就是为了同时影响购买者、使用者吗？

当大家都有认知，脑白金广告就简化了，只有两个卡通老人在跳舞，只说一句：今年过节不收礼，收礼只收脑白金。这时，一家人都有认知了，只须针对使用产品的就可以了。而且这个广告，年轻人慢慢看不到了，他们不看电视。

1. 购买者：买你产品的人

俗话说：掏钱的是上帝，要认真对待。俗话又说了，褒贬是买主。在掏钱之前，这些人往往挑三拣四，吆五喝六，给你整一大堆意见。所以你要摆正心态，擦亮眼睛，了解购买者。他们就是因为掏钱购买，才会指指点点。

如果不是购买者，才懒得理你。有时候他们提意见，也是为了和你砍价，不是真要提意见。这就是褒贬是买主。你要理解，做定位主要针对掏钱的人。

2. 用户：使用产品的人

产品不管谁买，最终还是给使用的人。购买者往往也是使用者，自己买自己用。这个使用者，我们要认真对待，听取他们的意见，接受他们的反馈。产品如何升级，不就是从使用者的反馈来升级吗？服务如何改善，不就是从使用者的意见来改善吗？

比如，儿童使用的产品，要针对儿童来设计，不要针对父母，虽然掏钱的是父母。我发现市场上很多儿童玩具，根本不是给儿童玩的。玩具上的棱角都没有处理好，成年人玩肯定没问题，皮糙肉厚的，但是让孩子玩，很容易割伤小手。

我们有时候不太重视孩子市场，所以很多钱被外资赚走了。

比如，看看肯德基和麦当劳怎么做孩子的服务，看看他们的厅堂设计。在里面空出一块地方，做儿童乐园。孩子在滑梯上玩得不亦乐乎，还经常拉着父母去玩。孩子玩，父母就会顺便买来东西吃一些。

3. 关注者：潜在客户

关注你的人，也就是潜在客户，未来会成为你的购买群体。

最典型的就是百事可乐、耐克、阿迪达斯。当80后成为消费的主力人群，商家就开始研究90后潜在市场。90后成为消费主力，商家又开始针对00后做宣传。

这就是有眼光，有远见。

4. 合作者：使用你的产品，变成合作伙伴了

合作者分两种，一种是购买者看中你的盈利模式，看中你的商业模式，就转变成合作者了。另一种是使用者，因为认可，干脆变成合作者。

我有一个朋友，是个正宗吃货，有一次我们一起去一家火锅店吃饭，吃到了正宗的牛肉丸。朋友赞不绝口，牛肉丸经常见，筋道的不常见。于是问店长，店长解释说："这是正宗潮汕牛肉丸。"能挂上正宗，对牛肉丸的含肉量有硬性规定。店长还说："我这个店也是加盟的，你可以找总部交流加盟的事。加盟店的收入还不错，只要地段不是太差。"

后来这个朋友就开了一家连锁加盟的火锅店。这个朋友对食材有绝对的信念，吃到这么筋道的牛肉丸，直接被征服了。这就是典型的使用者变成合作伙伴。

5. 你的竞争对手

每一个城市，每一个行业，都有那么一些竞争对手，这是明面的竞争对手。你要关注对方，对方也会关注你。还有一类是潜在竞争对手，你也要假设对方的存在。

比如，你是做游戏的，你公司体量很小，但你也要把腾讯公司当成潜在的竞争对手，不然，说不定哪天他们团灭了你。

6. 监管者

行走天地间，做任何事，做任何产品，任何服务，都有相应的监管部门，包括工商、税务、安防等。创业者要重视起来，一般来说，只要你是诚心经营，监管者对你是隐形的。如果你投机倒把，他们就出现在你面前。

你做定位，主要针对购买者。你做产品，主要针对使用者。你做事业，全部人群都要针对性研究，最后我对以上六种人，做一个简单总结。购买者让你盈利；使用者让你升级；关注者让你光鲜；合作者让你壮大变成集团；竞争对手让你内功强大；监管者让你诚信经营不偏离商道。

五、定位做好以后干什么

近几年，民营企业主对定位已有深刻认知，也相信精准定位会给企业带来超速发展。只要定位精准，广告就是滴水穿石，会产生力量。定位不准确，广告就是痴人说梦，没什么力量。

例如，乌江榨菜，最初是混在一堆榨菜的品牌中，没什么突破。后来他们找到一家著名的咨询公司，从产品角度做了定位，就是三清、三洗、三腌、三榨。三清、三洗的手段，解决人们对榨菜不卫生的印象；三腌、三榨的工艺，解决人们好吃开胃的问题。这个定位，让乌江榨菜一举成为榨菜市场第一品牌，并成功上市。

有了这样的销量、利润、名气、成果、市场地位，让乌江榨菜公司的高层充分认可了定位的价值。过了几年，为了寻求新的突破，他们换了一家咨询公司来升级定位。新的定位公司做的第一件事，就是放弃原来的"三榨策略"，定位为"正宗榨菜"，以连续五年销量领先作为新的诉求，以此强化正宗榨菜的市场地位。

新来的放弃老的定位，无可厚非。但是结果怎样呢？

乌江榨菜的销售额不仅没有提高，还往下掉。到了2012年，乌江榨菜的领导意识到正宗榨菜的定位解决不了市场突破的问题。于是他们吃了"回头草"，找回了最初做定位的公司。

这就是血的教训，也是中国民营企业普遍存在的问题，总是脱离产品思考问题，总想学习可口可乐卖品牌，总想学习苹果卖高价，总想像微软一样一劳永逸。中国民营企业家多数泥腿子出身，学历不高，都很熟悉4P理论。后来他们有钱了，开始百战归来再读书，回归校园读MBA，学习所谓的高端理论，放弃4P理论。民营企业放弃4P，还有什么战斗力？

4P理论是经过全球验证的，行之有效的理论。你却放弃了，转而学习新的理论。

三腌、三榨是有效的定位，是从产品角度出发，你另辟蹊径，定位"正宗"，你以为你是可口可乐吗？所以，乌江榨菜果断放弃"正宗榨菜"的定位，重归"三榨诉求"，之后几年，乌江榨菜的市值，从30亿元上涨到200亿元。

我们学习定位，不能光顾着学习成功案例，还要反思失败案例，学习如何反败为胜。下面再来看西贝莜面村关于定位的案例。

西贝这家公司，经历了四次定位，如图2-2所示。

第一次定位西北民间菜，宣称"90%的菜品来自西北的乡野和草原"。工商局找上门，问他们：菜品真的来源草原吗？当然是不可能，所以有了第二次定位，将民间菜升级为西北菜。还是没有突破，第三次定位，名

图2-2 西贝的四次定位

称还是西北菜，但不是乡野菜，而是聚焦羊肉，定位烹羊专家。结果是什么？西贝变成一个肉铺，客流量掉得厉害。

第四次定位，就是今天的西贝莜面村。其实最初的定位本来就是莜面。但莜面是什么？很多人不知道，甚至不知道"莜"这个字怎么读。后来在设计LOGO的时候，还给这个字加上了拼音，怕人们不认识。因为这次的定位，还有综合性推广，让西贝莜面村跻身中国餐饮行业一线品牌。

前三次定位一出，马上就能见证效果。好在创始人贾国龙行动快速，及时止损。但第四次定位的出发点，不是广告，不是促销，不是寻找心智，不是寻找领域第一，而是把所有事当成一件事，把4P理念发扬光大。

4P理论永不过时。依据4P来做定位，永不偏离心智。但是你哪天寻找创新，偏离了产品，就和正宗榨菜差不多的下场。

六、定位在企业中的位置

如果把运营公司分为三级，一级是战略，二级是策略，三级是战术，那么定位处在哪个级别呢？

如果把定位定在战术层面，那么定位隶属于销售部或营销部，由部门经理负责。定位会被当成营销话术，这样的定位对公司起不到什么作用。

如果把定位定在策略层面，定位就是公司高层的事，也是高层开会时讨论的内容，可能会在公司引起一些波澜，但是影响不了公司的发展。

如果把定位定在战略层面，定位就是一把手工程，是一把手亲自抓的战略内容，这样就能引起重视，而且可以把定位推动起来。

同样，有很多营销公司，其营销方案会涉及定位的内容，也会给厂家的产品一些重新定位的建议。但因为营销公司名气较弱，不管提的建议如何正确，提的定位如何精准，也只能和厂家的销售部或者代理商对接，引发不了厂家重视。

比如，你和一家汽车经销商讨论线下营销推广方案。你对接的只是经销商，就只能停留在战术层面。

如果你的公司是知名营销公司，和汽车公司总部对接，讨论的是全国营销策略，你就能见到他们高层。高层会整体来思考，把你的定位建议融合到公司发展策略中，最后这个定位建议就淹没在营销体系中，不显山不露水，变成一个辅助模块了。

如果你的公司是全国知名的营销公司，和汽车集团董事长把定位这个模块单独拿出来探讨，这就是战略层面，可以影响到整个汽车集团，影响到各类汽车品牌，然后影响到全国各个经销商。

也就是说，定位放在哪个层面，就能影响到哪个层面。每个层面，都有三个核心。

一级是战略层，三个核心是：品牌、品类、定位。

二级是策略层，三个核心是：渠道、定价、推广。

三级是战术层，三个核心是：售后服务、投诉与反馈、节日性促销。这个层面的内容，更易落地，更具操作性。战术层面不需要对定位有任何思考，比如汽车4S店，不需要考虑总部的定位，只需要考虑店里汽车配套的服务。

三个层面九个核心，全部都是围绕产品而展开的。全公司上上下下所有人，也是围绕产品进行行动的。战略层，给产品打品牌、定品类、做定位，策略层和战术层，全部都围绕产品来展开。

1. 品牌、品类、定位

先有定位，还是先有品牌？其实所有产品在没找到精准定位之前，成为不了品牌，只是一个品名。找到定位以后，品名就像汽车安装了螺旋桨一样，能飞向天空，变成大家认知的品牌。所以，先有品名，后有定位，再有品牌。

刚开始做产品，一般想不到定位。国内有很多民营企业家，从创业之初，就摸着石头过河，最后一样把企业做到国内知名，做成上市集团。

比如，老干妈辣椒酱，其实是从酱料中切出一个新品类。但是老干妈公司并没有想过品类。同样，苹果公司也没做定位，史蒂夫·乔布斯回归苹果以后，遵循极简为王理念，把产品做到极简，把产品卖向全球。

所以乔布斯砍掉了手机上的键盘，还砍掉手机里繁杂的操作系统，让手机变成软件和硬件结合的艺术品。iPhone4横空出世，其实是在手机领域切出一个新品类。但是苹果公司并没有使用品类理论，这个理论也是我们研究苹果时加上的。

我们今天学会了定位，就可以先定位，后品类，再品牌。让整个战略更加精准，让品牌历程缩短，因为少走了弯路，节省了时间。如果你创业，就可以先定位，再做品类。不管手里有没有钱，都是先融资再生产，通过众筹资金，制造产品，制定营销策略，用三年时间把公司做上市。

2. 渠道、定价、推广

产品有了品类，有了品牌，需要进一步推向消费者，这就需要一些策略来辅助。常见的方式就是寻找渠道，广告推广。推到不同的合作伙伴，会有不同的定价策略。

不同的经销商，会有不同的拿货价。而且越是强势的经销商，拿货价越低。一些超级大卖场，不仅能拿到最低价，还能"先拿货后付款"。还有一些大网红，能拿到更低的价，因为大网红带货，销量比线下门店更强势，甚至线上一晚直播，能顶线下一整年销量。

3. 售后服务、投诉与反馈、节日性促销

不管是投诉还是反馈，不管是节日促销还是直播促销，都是更易落地的内容，一定要做好。越是接近客户的环节，服务一定要到位；越是接近客户的环节，品牌的感知越清晰。但是，有些企业虽然做大，经销商也多了，但是服务质量开始下滑。

例如，前几年，刮起一阵"网红"创业旋风，开

始做起加盟式餐饮连锁，疯狂开店几百家。结果不到一年，后厨的卫生检查不过关，服务质量不过关，菜品质量不过关，店面还经常无故宰客，最后不得不关门。

整个过程一地鸡毛，你说问题出在哪里？就是上梁不正下梁歪，上面没有把定位做好，没有把品牌做好，下面的服务就不断出问题。

最后我们把整个定位用九宫格来画一下，如图2-3所示。

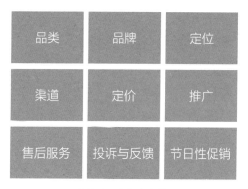

品类	品牌	定位
渠道	定价	推广
售后服务	投诉与反馈	节日性促销

图2-3　定位九宫格

上面三个格，写上品类、品牌、定位；中间三个格，写上渠道、定价、推广；下面三个格，写上售后服务、投诉与反馈、节日性促销。九个格子里，没有产品这个元素，但是产品无处不在。定位九宫格，统统为产品而赋能。

七、定位与国家品牌战略

从生产大国到品牌大国，从制造产品到打造品牌，中国的品牌升级之路可谓行稳致远。生产大国并不一定是强者，而品牌大国一定很强。

比如可口可乐，品牌在美国，生产基地遍布全球各地，各地生产各地销售，赚全球的利润。苹果手机，供应商接近200家，其中50家供应商在中国。把所有零配件集中在一起，由深圳富士康来组装，后来主要放在郑州富士康组装。但是不管是哪里生产，你关心吗？

你根本不关心，你关心的是，苹果手机出什么新款，有什么新功能，拍照会不会更美，怎么修图更好看。什么生产地，生产线，多少个零件，基本不太关心。同样，我们买任何大品牌，也不会过度关心生产地。

所以，产品的终极是做品牌，品牌强则国强。生产赚的是可怜钱，品牌赚的是巨额利润。制造一般不受待见，品牌一般会受到崇拜。这就是品牌的力量，而品牌的起点，就是定位。

国家之间的竞争，经济竞争是基础。经济强，国家才可以更有国际影响力。经济竞争，核心是品牌的竞争。品牌的竞争，更多体现在世界500强品牌的竞争。一个城市有一个国际品牌，这个品牌就可能成为一张城市名片，带动整个城市的发展。

比如，格力空调创造的经济效益，最高能占到珠海市的四分之一。还有青岛的"五朵金花"，即五个国际品牌——海尔、海信、青啤、双星、澳柯玛，它们创造的经济收入，超过了省会济南的财政收入。在名气上，青岛要比济南高一些，因为品牌更强大。在生产总值和财政收入上，青岛也总是压着济南一头。这就是品牌的力量。

一个国家只要有一个国际品牌，这个品牌会让国家也变得知名。

比如，墨西哥出了一个国际品牌——科罗娜啤酒。除了这个啤酒品牌，再没有第二个国际品牌。墨西哥每年出口的啤酒，能占到世界啤酒的16%。有了这个品牌，你说能为墨西哥带来多少经济效益，能带来多少吸引力和关注度呢？不可估量。

即使站在世界的角度，依然能看到品牌的力量。定位在品牌方面，有三个阶段，如图2-4所示。

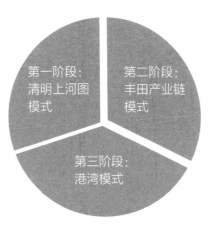

图2-4 品牌定位的三个阶段

第一个品牌阶段，清明上河图模式。在《清明上河图》上，一幅长卷，上面有数不清的小作坊。每个小作坊，都有自己的品牌，都有自己的定位。这些品牌集结在一起，造就了一个繁华的生态。改革开放之后，全国的城市差不多就是这样的。

今天的安昌小镇，有很多手工酱油，这些小作坊集结在一起的景象，如同《清明上河图》，这是第一个品牌阶段。

第二个品牌阶段，丰田产业链模式。

一台丰田车，需要200多个核心供应商。把这些供应商聚集在一个产业园，大家按计划生产，不多生产一个汽车座椅，不多生产一个汽车轮胎，也不多生产一个发动机，最终实现了精益生产。这是高效的运作模式，集群在一起，打造一条产业链，打造一个强大的品牌。

第三个品牌阶段，港湾模式。一个强大的公司有一个强大的产业链。如果多个产业链再次集群，就会变成更大的产业。有人把这种产业称为生态，我称其为港湾。生态是个务虚的词，港湾是务实的词。产业集群是产业链，产业链再集群，是港湾。

现在全球有四大湾区，纽约湾区、旧金山湾区、东京湾区、粤港澳大湾区。粤港澳大湾区，是我们最近几年建设的，有公路，有大桥，有港口。但其他三大湾区并没有海港。所以未来几年，粤港澳大湾区必定超过其他湾区，成为全球第一。因为粤港澳大湾区定位定得好。

港湾模式有五个要素，如图2-5所示。

第一个要素，便利交通。大湾区必须有海陆空交通。尤其是海运，需要万吨巨轮来运输，这样的湾区才容易做好。所以有港口，经济就比较发达。

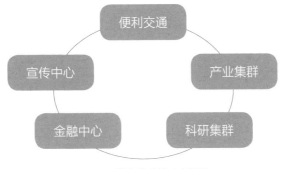

图2-5 港湾模式的五个要素

粤港澳大湾区，有天然的地理优势，运输的吞吐量世界第三。还有粤港澳大桥，目前行车不多，以后会慢慢多起来的，这是交通的便利。

港湾区第二个要素，产业集群。多个产业链的集群就是海港湾。粤港澳大湾区，有广州、佛山、东莞、中山四个强大制造中心。广州是珠三角制造的中心；佛山是全球微波炉和家电的集群；东莞有牛仔裤、儿童玩具数十种全球第一的产业；中山是全球灯具的集群。这些产业有强大的制造力。

港湾区第三个要素，科技与研发中心。科技和研发少不了人才的集群。人才的集群少不了院校的支持。粤港澳大湾区，有香港中文大学、香港科技大学，还有深圳大学，都是知名的科技高校。它们可以输送大量的人才，也可以研究高新技术，还可以传播学术。如果没有院校，产业再大，高技术人才是个问题。

港湾区第四个要素，金融中心。金融中心初级业务，是提供融资和贷款。中级业务是提供上市和股市。粤港澳大湾区有深交所和港交所，一个是创业板，一个是主板。金融高级业务是对接全球的金融和资本。有金融中心，才可以吸引到高级人才。我们要明白，仅仅生产是吸引不了高级人才的，高级人才一定和金融挂钩。

港湾区第五个要素，宣传中心。交通要海陆空立体，宣传报道也要海陆空立体，就像美食播主去美食街探店一样。现在宣传要丰富多彩，有自媒体的宣传，远隔千山万水的人才才会过来看一看，这就是宣传的力量。

比如，当年旧金山（圣弗朗西斯科）为什么那么风光？就是有人宣传，说旧金山遍地是黄金。于是吸引了全球精英过去淘金，人去了是不是遍地有黄金，是不是遍地有机会？并不是，而是因为人才集群了，才变成遍地黄金。现在你再去旧金山，会发现有很多华人，他们当初去的原因，就是宣传。没有这些宣传，谁知道旧金山呢？

一个企业能带动一个城市发展，一个产业链能带动一个地区发展，一个港湾能带动一个国家发展，这离不开品牌的力量。同样，国家发展需要布局湾区。布局湾区需要集群产业链。集群产业链要有一个或几个国际品牌。国际品牌都是从小变大，由弱变强的。如何变大变强，就是要有好的定位。然后一生二，二生三，三生万物，蜕化为国际品牌。整个过程，事物开启，从寻找定位开始。

八、海信"中国第一，世界第二"广告语

定位可以定"第一"，口号能不能喊出"第一"？在国内这是不行的。

定位找到了行业第一、品类第一、功能第一，但是不能喊出来，因为违反广告法。即使做到了业界第一，你可以用"第一"来自居，但是不能对外广而告之。同样，"之最""最优秀""最厉害"，这些词统统不能说出来。

有人说，海信电器在2022年卡塔尔世界杯期间，不仅喊出了"中国第一，世界第二"的口号，还出现在世界杯球场，让全世界球迷都看到了，难道没人管吗？

我也看球赛，也看到了这一条广告，当时就知道，海信偌大的一家公司，怎么会不清楚广告法呢？他们在打一个时间差。2022年卡塔尔世界杯上，一共有四家中方赞助商：海信、万达、蒙牛、vivo。它们一共赞助了14亿美元，超过美国的11亿美元。

海信作为世界杯赞助商，给了这么多的广告费，广

告内容只要不是违反人性，一定是可以发布的。发布方可以通过，意味着被发现广告有问题，也是其他部门的事。从发布广告到引发争议，会有一个时间差。这几天的时间，效果已经出来了，把中国第一给传播出去了。如果有争议，大不了修改广告语。

海信会不会被罚款？大概率不会。海信称自己是国际第二，那么其他电器公司，就不太可能找它麻烦了。称自己是中国第一，但是广告又是在国外打的，中国的电器公司也懒得找它麻烦。

这个事件引发话题，引起了人们的争论，这会快速扩大海信的知名度，但不一定会提高美誉度。我们要明白，广告打得好，不一定会被传播；广告打得好，也不一定会被讨论。但是话题选得好，就会热闹，就会变成社会热点，变成人们自发讨论的话题。所以，即使你也有机会在国外打广告，也不要宣传第一。

我们不需要用"第一的话题"引发人们争议，而是要努力做到品类第一。找到品类第一的过程，就是定位的过程。找到品类第一，用其他的词语来代替，把第一的内涵宣传出去，这就是定位的过程。

海信号称中国第一，它有电视机、冰箱、洗衣机等产品，到底哪一个是中国第一呢？哪一年获得的第一呢？估计没几个消费者说得清楚。所以这样的广告，是没有美誉度的，也不会增加多少好感。

其实，企业有一个产品成为市场第一，就能带动其他产品的销量。如果要让产品个个成为第一，就要启动品类战略，效仿宝洁公司的打法。一个产品一个品牌名，一个产品一种营销手段，一个产品一种推广活动，然后在细分领域中夺取第一。如果全部使用一个品牌名，海信电视、海信冰箱、海信洗衣机，很难夺取多个第一。

同样，海尔集团也是这样，海尔电视机、海尔冰箱、海尔洗衣机，这些产品也不可能获得多个第一。格力集团也一样，格力空调、格力冰箱、格力洗衣机，不太可能夺得多个第一。毕竟我们国内的家电早就竞争白热化了，争取一个第一已经不容易了，第二年有可能被别人超过。你说格力空调第一名吗？它的销量也经常被美的超过。

因此，我们要以市场为鉴，找到品类战略容易犯的错误，及时去修改，如图2-6所示。

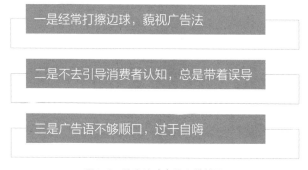

一是经常打擦边球，藐视广告法

二是不去引导消费者认知，总是带着误导

三是广告语不够顺口，过于自嗨

图2-6 品类战略容易犯的错误

1. 经常打擦边球，藐视广告法

打擦边球不是法律的问题，而是心理的问题。所有打擦边球的人，比我们老百姓更懂广告法。他们知道底线在哪里，才疯狂试探。包括一些国际品牌也是这样，经常用一些特别的元素，引发争议以后，他们再从容地修改广告。

但是我们大部分中小企业，压根没有太多广告预算，就不要做这些投机的事，不然最后赢了一点知名度，丢掉了美誉度。有知名度不一定能提高销量，有美誉度是可以逆袭市场的。

2. 不去引导消费者认知，总是带着误导

有些商家为了误导别人购买，故意不讲清楚。如果讲清楚，就没人买了。有些产品含有对人体不健康的成分，厂家也不会讲清楚，突然有一天被曝光，老百姓才明白。这样的案例很多，像三鹿的三聚氰胺事件以及地沟油事件等。

3. 广告语不够顺口，过于自嗨

优质的广告语，有以下几个特征。

一是要顺口，读起来不拗口。

二是不看也能听清楚，也就是说，只要听，不看画面，就知道是什么样的广告，有什么卖点。

三是广告语通俗易懂，一听就懂，不用解释。

比如，西贝莜面村的口号，"闭着眼睛点，道道都好吃"。食材也有口号，"草原的牛羊肉，高原旱地的五谷杂粮"。烹饪理念也有口号，"西贝是天然派，绝不添加味精和香精"。活动也有口号，"为健康加莜"。这些口号是行为，不是心智。

四是尽量用一些特定的句式，少用双关。双关语的广告，经常出现在平面海报上，视觉广告尽量不要用。因为一语双关的东西，是要看文字的，不看文字，一般看不出双关。那么，什么样的句式比较好呢？

比如，"好空调，格力造""买变频，选美的""小罐茶，大师作"，三个字又加三个字的句式，短小精悍，是不是一听就懂呢？就像"打土豪，分田地"是不是听起来就很有力量呢？

五是把品牌名镶嵌在口号中。这样做一举两得。"好空调，格力造"，有格力的品牌名；"买变频，选美的"，有美的品牌名。

03

第三章

定位
落地

寻找定位的方法

寻找定位，可以实地考察市场，可以扮演消费者，可以用大数据分析，可以寻找人们的欲望，也可以从人们的思考方式来寻找定位。通过定位让企业盈利倍增，或者帮助企业上市。

一、如何用望远镜和显微镜做定位

我们做定位，要遵循一个逻辑：低头拉磨，抬头看天。既要着眼于当下，又要看到远方；既要研究当下的竞争对手，找出差异化，找到你的生存之道，也要看到未来，三五年后的结果。并用未来可能出现的结果，反推当下的事，这才是战略高手。而缺乏战略思维的人，当下做得很认真，其实也看不到大方向。

定位是一种战略，做战略就是要看清眼前，看到未来。做定位也要同时看到近处和远方，要同时兼顾当下和未来，这样才能立于不败之地。

中国民营企业平均寿命只有三年，有人说，大部分创业者太短视了，也有人说他们好高骛远。其实不是这样的，短视没错，好高骛远也没错，错的就是没有同时兼顾。很多企业刚开始创业，迫于生计，忙于开单。不管大单小单，他们都牢牢抓住，忙得热火朝天，年底结算发现是亏本的。因为他们没有看到远方，不知道该把心思花在哪儿，该把时间花在哪儿，该把力量花在哪儿。

失败的原因是，只管低头拉磨，没有抬头看天。能同时兼顾，就能闯出一番天地。你看看那些成功的企业家，都是心中有未来，认真在当下。一次失败并不可怕，二次创业往往会成功，因为他有新的眼界。

你看老鹰，可以说是寿命最长的动物之一，能活50～80岁。其实老鹰活到40岁时，爪子开始老化，抓取猎物十分吃力。它身上的毛又重又厚，飞起来十分吃力。它的硬嘴开始向下弯，几乎碰到胸脯，吃东西都十分吃力。这个时候，要么等死，要么重生。

鹰的重生要半年时间，先飞到山顶，不能被其他动物打扰。然后它把身上羽毛一根一根拔掉，把趾甲一个一个拔掉。再把硬嘴壳敲碎，整个过程鲜血不断，这个过程不能进食，只能等待新的羽毛长出来，新的趾甲长出来，新的嘴壳长出来。这个时候，就是老鹰蜕变为雄鹰的过程，这就是着眼未来的做法。

当雄鹰蜕变，眼睛更加犀利，可以飞得更高。其他猎物见到它，感觉压迫力更强了。

我们做企业，做战略，做定位，就要学习鹰的成长，学习鹰的重生。既要着眼于当下，又要着眼于未来。一步一步战战兢兢，如履薄冰。看到未来，中间走偏几步，依然能到达目的地。看不到未来，走得再稳，也到不了目的地。

企业的未来，就是企业的使命和愿景。想清楚使命和愿景，战略和定位就清晰了。战略与定位清晰了，营销和推广就清晰了。营销和推广清晰，招聘什么样的人才，是不是也清晰了？

有人说，战略万一偏离了怎么办？定位万一搞错了怎么办？有没有应对的良策呢？

1. 世界本就不存在绝对的正确

不管是什么事，一定有瑕疵。无论是产品的定位，产品的包装，产品的经销商，总会有那么一点问题。一旦有了问题，就解决问题，你会发现，经过这个过程后产品升级了，服务改良了。你会发现，原来产品的升级，是因为问题的解决，而不是因为用户的忠诚。用户不断提出问题，产品才能不断升级，服务才能不断改善。

软件也一样，1.0版功能有问题，增加一点功能，就做出了2.0版。2.0版又增加一些新功能，就变成3.0版。就像微信一代一代改良，现在已经是8.0版了。那8.0版有没有问题，还是有问题，升级就会持续下去。

2. 看清时代，跟随时代

我们做战略、做定位、做产品升级，都要跟着时代变化而变化。你的企业和产品不一定盲目跟着变，但是时代的变化，你要看懂。如果你看不懂，跟着瞎变，还是会走向失败。

比如，区块链是趋势，但是基于区块链之上的数字货币——比特币暴雷了。比特币其实是一场骗局。但是区块链技术，还是迭代升级。

3. 看清身边人的需求

哪怕你的企业是世界级的，也不能忽视身边人的需求。

例如，不要以为你是开采石油的，就可以忽视小区的老人、小孩。当老人、小孩知道小区有多少汽车充电桩，知道汽车充几个小时能把电充满，说明全民已经接受新能源汽车了？你的石油有没有影响？当然有影响，石油就是用在汽车发动机上的。

还有，当老人、小孩都开始关注汽车要安全，要静音，你就知道，有些装点门面的豪车，终究会被取代，因为那些车要的不是别人的美慕。你要是开过那些豪华敞篷跑车，就知道开得并不舒服，舒服的是看别人美慕的眼光。世界上所有装点门面的产品，只要别人不美慕，慢慢就没市场了。

如果你的产品是大众使用的，你可以让家人体验一下，听听他们的意见和感受。

比如，你是做米酒的，你的老婆是一个沾酒就脸红、一杯就倒的人。她尝了你的米酒，说："这比白酒好喝多了。"你问她："具体还有什么感受呢？"她考虑了一下说："甜甜的，有点迷醉，一口就能回味，就像初恋的感觉。"听完她的感受，你的定位不就定出来了吗？初恋米酒。口号也出来了："一口就迷醉，一口就回味。"

多好的感受，定位就是这么来的，它不是憋出来的，口号也不是编出来的。所以，多听听身边的人说什么，因为他们容易说真话。

4. 拿起望远镜和显微镜，看清远方，看清细节

望远镜看清远方，显微镜看清细节。望远镜和显微镜就是两个工具，随时随地使用。望远镜看到的是什么？就是情报，行业报告，政府工作报告，头版消息，头条上置顶新闻。这里面暗含着行业变化，指导着经济的走向。只要你会分析，就能看清远方。

显微镜是看到细节，是对产品精益求精，不断优化。显微镜就是公司的研发人员，是公司的匠人精神。没有这样的人，产品不会得到优化，服务不会得到提升。比如现在的手机行业、汽车行业，大的方面已经没有突破了，只能在细节方面

突破。

不管是望远镜还是显微镜，只要你有心，善于总结，经过长期积累，你的观察力会与众不同。同样的事物，别人看到价格，你看到股市。别人看到流行，你看到趋势。别人看到现象，你看到本质。你有了超强观察力，就能做对战略，做对定位，还能帮助别人做定位。

二、如何从欲望中寻找定位

定位从哪里来？获得定位的方式其实有很多种，下面我们先从人的欲望中寻找定位。

人人都有七情六欲。我们从"眼耳鼻舌身欲"来寻找定位，也就是从消费者看到的、听到的、闻到的、品尝到的、触摸到的、渴望的来入手，这样就能找到欲望，并从中挖掘就可找到定位了。

例如，现在最火的行业，就是新能源汽车。驾驶国产的新能源汽车，体验感一点也不比传统燃油汽车差，新能源车能满足我们全方位的欲望。视觉方面，新能源汽车的电子屏一个比一个大，有的车是横着三个屏幕，其中一个给副驾座的人看。听觉方面，国产新能源汽车音响的音质也是不错的。触觉方面，座位可以调节角度，可以前后移动，车座可以加热，真是比按摩椅还智能。

综合这些方面，新能源汽车不断创新，满足人们驾驶汽车的各种欲望，可以和欧美车企一较高下。目前新能源汽车的竞争，主要就是特斯拉。

人们的欲望不仅可以帮你做产品创新，还可以帮你的产品升级定位，如图3-1所示。

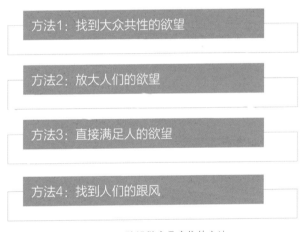

方法1：找到大众共性的欲望

方法2：放大人们的欲望

方法3：直接满足人的欲望

方法4：找到人们的跟风

图3-1　用欲望做产品定位的方法

1. 找到大众共性的欲望

我们服务的市场有多大，取决于共性的欲望有多大。

比如，防脱发的市场，人类几千年来，年年有脱发的。但是近几年，人们脱发的速度更快了，脱发的年龄更小了。所以这个共性的需求变得越来越大了，脱发的市场就越来越大。

脱发有很多解决方案，植发、洗发、头发养护，还有假发，市场真是太大了，因为人们共性的欲望在变大。

2. 放大人们的欲望

你看宝马汽车的定位——终极驾驶机器，是不是从放大欲望来定位的？再看爱马仕的定位——世界知名奢侈品品牌，所做的营销策略，都是"放大欲望"。爱马仕包推出各种限量款、联名款、大师款，价格很高，你还不容易买到，产品只要一发布，马上就被抢，根本不关注价格。显然，这个包不是用来装东西的，而是用来装欲望的。

可以说，所有奢侈品，卖的都是放大的欲望，一旦拥有这样的产品，欲望就会膨胀一些。即使普通产品，也会想办法放大人们的欲望。

比如，星巴克卖的咖啡，不叫小杯、中杯、大杯，而是叫中杯、大杯、超大杯。但是人们都知道，所谓的"中杯"就是小杯，他们非要这样做，满足人们的欲望。更可怕是，中杯和大杯的实际量差不多，不信你把两个杯子的咖啡测量一下。老外的企业真是太会玩了，把消费者的需求拿捏得死死的。

所以说，普通的产品寻找欲望，优秀的产品满足欲望，卓越的产品放大欲望。

3. 直接满足人的欲望

勤劳本来是人类的美德，但是一些智能机器的出现，取代了人类的劳动，也满足了人类偷懒的欲望。

比如，智能扫地机，除了能把全屋扫净，还能归位自动充电，也能熟悉全家的地图，优化打扫的路线。

还有卷发器，原理不复杂，就是把头发卷起来，然后加热，形成卷发的效果。这个小玩意也是一代比一代智能，已经可以塑造更多的头发造型，卷发器里的加热棒，对头发的损伤越来越小，人们慢慢不去理发店打理造型，在家就可以自己处理了。

这就是发现人的欲望，直接满足人的欲望。还有，利用人们贪的特性来创造产品，创造需求，创造定位。贪的特性，表现就是"要的东西更多，给的钞票更少，什么东西都想拥有"。那么做产品，就可以附一些服务，做服务就可以附着一些小产品。

比如，你去汽车4S店买车，你越是砍，他越是送。你砍得越狠，他送得越多。你去健身房，看到满满当当的健身器材，你也是有心动的，感觉自己就可以在这里潇洒地健身了。其实你去三次以后，很多器材你碰都不想碰了。而你要健身的器材，就是那么几样。这就是用了人们贪的欲望来做的。

4. 找到人们的跟风

跟风就是别人家买了你家也得买。有些农村市场特别喜欢跟风，大大小小的东西，都要互相攀比。比如春节买糖果，不管人们吃不吃，家里就是要摆上，摆上就有年味了。

跟风的产品，一般不是刚需。油盐酱醋，这是居家必备的产品，没什么可跟风的。但很多不是刚需的，因为人们跟风，销量大增，像脑白金、脑黄金、黄金酒等商品，定位是送礼，其实是跟风。

与此相反，比如特殊旅游，看日出的旅游，看普罗旺斯花的旅游，这是小众需求，算是刮的一股小风。但这种小风，吹起来很有效，也能让共性不断变大，让小众变成大众。所以，不要以为小众就不用做定位了，大众小众都要定位的。

萧伯纳说，人生苦闷有二，一是欲望没有被满足，二是他得到了满足。所以我们从欲望中找定位，总结起来也是这两条，要么找到人们没满足的欲望，要么是满足了他们的欲望。当他们欲望得到满足，会生出更大的欲望。他们有更大的欲望，你不就有更大的市场吗？

三、如何用左脑寻找定位

人的思想方式极其复杂，从医学上来看，人的大脑分为左脑和右脑。从科学角度来看，左脑称为理性脑，主要处理文字和数据等抽象信息，包括计算、理解、分析、判断等思考方式。右脑称为感性脑，主要处理声音和图像等具体信息，包括想象、创意、灵感和特别反应等功能。

左脑是理性思考，所以会追求价格，关注功能；右脑是感性思维，所以会追求艺术，追求浪漫。

比如，价格昂贵的爱马仕包，显然是卖给感性思维的人。这个包本来就不是来装东西，而是用来装欲望的。但是肯定有人说，我是理性的人，我也买了这个包。其实理性的人，买了以后，说不定是送给老婆的，送给女朋友的。理性的人会关注包包的耐用程度，他们会找到适合款式，能符合日常生活的包。

卖汽车的原理也一样，普通的代步车，尤其是10万～20万元区间的车，主要卖给理性思考的人；100万元以上的车，主要卖给感性思考的人。你肯定说，这是钱多钱少的问题。其实，钱肯定是一方面，主要还是思考的倾向。

老一辈国企老总、民营企业家出门，一般都是用非常普通的车代步，他们根本没在座驾上花心思，但是有一些富二代、富三代，他们买各种豪华车，把车变成他们的门面。

我们简单地分析了左脑和右脑，那么，如何针对人的思考方式来做定位呢？针对左脑，主要解决多快好省的问题；针对右脑，主要解决好看好玩享受的问题。遇到左脑思考的人，要给他们直观而直接的理由。你表达出来，他们自己会分析。

比如，有一款吸尘器——戴森，对外宣称，"这是经过了5127次失败，研发出世界第一台无尘袋真空吸尘器"。而5127这个数字，就说服了左脑思考的人群。戴森吸尘器还说，"这款吸尘器，可以吸附0.3微米的尘粒"，左脑思考的人自己分析完，就购买了。其实这款吸尘器价格真的不便宜，但他们会理性计算。

沃尔沃汽车是怎样做定位的？

沃尔沃生产的是世界知名的安全汽车，安全这个诉求，显然是针对理性思考的人。如何直观而直接地表达安全性能呢？它的广告公司想到一个非常极端的方式。广告语说："沃尔沃汽车，每一个焊点都可以承受整辆汽车。"具体的广告："把一台车悬挂起来，下面躺一个人，以此展示汽车的安全性。"理性思考的人看完，直接就被征服了。其实这样的画面，感性思考的也会被征服的。

如果遇上一个饱和的市场，比如医药、化妆品行业，已经很难发现新品类了，也很难激发人的欲望了，只好用左脑右脑的思考模式来搅动一下。

比如，白加黑感冒药，大家都熟悉吧。感冒药的市场，其实也非常饱和，每个细分品类都有对应的药品。白加黑把药一分为二，诉求是：白天吃白片，不瞌睡；晚上吃黑片，睡得香。左脑思考的人看到这样的产品特性，就会分析判断，想到自己吃了其他药片，虽然会治好感冒，但也会影响工作，于是选择了白加黑。这就是靠对大脑思考的搅动来做的定位。

有一款补水的化妆品，研究市场的细分品类，发现很难寻找新品类了。从补水功能上看，有功能补水的，深层次补水的，补水同时还美白的。在补水成分上，有植物的，有矿物提取的，有进口的，有百年配方的。

怎么让人们自行思考呢？他们也一分为二，把补水设计成白加黑两瓶，一款白天用，一款晚上用。诉求是：两瓶比一瓶水更专业。白天脸容易出油，要清爽一点；晚上睡觉需要一些滋养。一瓶无法满足补水需求，两瓶才是好的选择。这样的定位策略，迎合了理性思考者，也抢到一部分市场。

一款产品可以一分为二，那么一个服务可不可以一分为二，让理性思考的人来选择呢？当然可以，其实各行各业都有，比如航空公司。只要不是那种超小型的飞机，都会分为商务舱和普通舱。大飞机和超大飞机会设计出贵宾舱、商务舱和普通舱三种座位，满足不同人的需求，这样市场不就做大了吗？

美国的五大航空，有四家处在亏损状态，只有西南航空在盈利。西南航空做了什么事？它反其道而行，做专机专线，只有经济舱，没有头等舱。只飞国内，不飞国际。只走商务发达的城市，不走旅游胜地。在人们戴着口罩，不便出行的时候，旅游肯定不是刚需，商务才是刚需，所以美国西南航空依然在赚钱。

美国还有一家中小航空公司，叫忠实航空，也是反其道而行，它的利润做到全球第一。它是怎么做的？和西南航空不同，它专门飞小城市，专门飞往旅游胜地。把客户拉到一个景区，客户要住酒店，要在景点游玩，忠实航空要从中分成。所以，它的利润，有35%是机票赚来的，65%是旅游项目分成。忠实航空，其实就是打着航空公司旗号的旅游公司。

利润率世界排行第一的是忠实航空，排行第二的是中国的春秋航空。

春秋航空的基础票价较低，但是运输行李要钱，在飞机上吃喝要钱，飞行的时间不是早上就是晚上。座位也特别挤，这样做，显然就是为了赚取精于计算的左脑思考者。这样的定位策略，最终让它的利润率排全国第一，排全球第二。

这就是针对左脑思考者的定位，不是强行给你诉求，而是让你自行计算。广告大师奥格威说过：消费者不是低能儿，她们是你的妻女。不要低估用户的智商，要提供全面的信息，让消费者明白，我们能给你什么，你能够获取什么。不要用专业的词冒充高端，不要用诱惑的广告让人冲动消费。只需要给出明确信息，给出明确承诺，标出明确的服务，直接解决左脑思考者的诉求，这样左脑思考者的定位就找到了。

四、如何用右脑寻找定位

善于左脑思考的人，善于计算分析；善于右脑思考的人，不喜欢分析，也不喜欢对比参数，就是喜欢凭感觉。

比如，买小米手机的，可能理性偏多，他们要认真分析参数，选内存、看CPU、看屏幕，打游戏会不会卡，会不会掉帧？但是买苹果手机的，尤其是一些女生，只要出了新款，她们就去抢。她们更关注颜色，而不是功能，对于上万元的价格，也不太敏感。那么，这些买苹果手机的女生，赚的就比买小米手机的多吗？不一定，买小米手机的人也许赚钱更多。

在吃的方面，善于感性思考的人，会被饭店的装修吸引。饭店经营者如果是感性的人，也会把饭店设计得非常有格调。

比如，上海有一家饭店，一进店里，就能看到一支10米长的毛笔，毛笔上面就是企业文化墙。这就是专门定制的。为什么要这样做？因为店长是感性的人，他喜欢书法。

家里炒菜用的食用油，理性的人会看有什么配料，有没有添加剂，是不是转基因，等等。感性的人根本不看这些，就看炒菜香不香。香就是好油，不香下次就不买了。

所以，很多产品只能针对一类人，要么针对左脑思考的人，要么针对右脑思考的人。广告也是这样，会有一个偏重，要么针对左脑思考的人，要么针对右脑思考的人。定位基本上也是这样，要么用科学说法打动左脑思考的人，要么用情感诉求打动右脑思考的人。

要说服左脑思考的人，要多、快、好、省；要说服右脑思考的人，要真、善、美、妙。针对左脑思考的人，就给他们更多一点，更快一点，更好一点，更省一点。针对右脑思考的人，就要表现更真一点，更善一点，更美一点，更妙一点。那么，具体怎么表达呢？

真，并不是说别人就是假的，你是真的。真，就是你要玩真的，你是率真的。

例如，哈雷摩托一出场，就会传达一个场景：一群人出现在车把很高、车座很低的摩托车前，骑在黑色皮革的摩托座上，穿着各种黑色皮夹克，裤子上还会挂一些金属链子，脚上蹬的是牛仔靴。有些人还戴着墨镜，哪怕是天黑了，也要戴上墨镜，表达一种与众不同的心态。伴随着一阵摩托车巨大的轰鸣声，他们消失在远方。

为什么骑上哈雷，就会神采飞扬呢？很显然，哈雷没有奔驰跑得快，也没有私人飞机那么奢华，但只要是一群哈雷爱好者，就是回归到率真的感觉。哈雷不只是一辆摩托车，还是自由、率真的表现。哈雷摩托的定位，就是针对右脑思考的人。

与哈雷摩托般配的墨镜，叫雷朋眼镜。这款眼镜，传达的是硬汉风采，英雄情结。只要是孤胆英雄，必然会佩戴一款雷朋眼镜。年轻人戴上这款眼镜，就能找到一些心灵的共鸣，情感的共振。这就是率真的诉求，可以找到精准的定位。只要你的客户以感性思考的人为主，就可以从率真来诉求。

善，是做企业的使命，做产品的准则，做服务的标准。"善"本就是人的本性。碰上了商业，基本很难向善了。

比如，谷歌进入中国，口号就是"不作恶"。他们的口号全称是：完美的搜索引擎不作恶。谷歌的创始人强调，公司宗旨是"永不作恶"。你看，本来不作恶是很正常的本性，居然变成一种诉求，一个卖点。

但是，最有讽刺意味的是，谷歌最终退出中国内地市场，是因为它的恶。外国公司在中国经营必须遵守中国法律，但是谷歌做不到。

与"不作恶"相对的，就是作恶了。过度收集人们隐私，疯狂弹出广告。打开网页有广告，打开手机还是很多广告，这都是作恶的结果，而且屡禁不止。向善本是正常的事，但变成一种诉求了。科技本该向善，企业应该向善，但今天向善的商业，并没有想象那么多。因为太善了，有些收入就没了。

美和妙，同样是感情诉求，很多化妆品就是追求美，好不好用另说，但是包装很美，能成为行业的标杆。虽然这些产品的生产地基本是在中国，但它们的设计确实领先几步。

比如，雅诗兰黛有一款产品，包装是一个棕色小瓶子，后来用户亲切称其为"小棕瓶"。很多女生买化妆品，就认可这个瓶子。之后它又出现了小黑瓶、小绿瓶、小红瓶、小白瓶。

真善美妙，都是人类情感的表达。真不仅是真实，善不仅是善良，美不只是好看，这都是从感性出发描述的。我们看到多快好省，就知道是左脑思考的定位。看到真善美妙，就是从感性出发的定位。我们要时刻关注新的诉求，新的创新，新的定位方式。

我们还要学会如何反向推理，从定位中找到左脑和右脑的思考。

比如，"今年过节不收礼，收礼就收脑白金"，这句口号是左脑还是右脑？没说功能，没说效果，没说价格，就是一个"送礼"的表达，显然是给感性思考的人。

再看史蒂夫·乔布斯的iPod，广告语是：把一千首歌放进口袋。这句口号是左脑还是右脑？不太明显吧，理性思考的人，会想到一千首歌的硬盘容量。感性思考的人，会想到这么多歌曲，听起来感觉太好了。

有些定位的诉求非常明显，不是左脑就是右脑，而有些诉求是介于两者之间的。我们要灵活运用，因为人是会变的，思考方式也是会变的。

比如，有个女生在上海某单位上班，她入职第一天，就想拥有一款LV的包。但是现实不允许，她的收入让她回归理性，她就买了一款适用的电脑包，可以放笔记本电脑，可以放合同。每天早上出门，拎起电脑包时，她心中也会浮现出一丝丝想法，想着签下大客户的订单，用提成买一款LV的包包。

很多产品，在打市场的时候没有名气，就用功能诉求，强化左脑思考。当产品有了足够的知名度，有了大量的用户，在市场上数一数二，就开始强化感性功能，因为大家都知道它的功能了。这就是左脑右脑，灵活应用。

五、如何同时用左脑右脑寻找定位

我们要时刻牢记，学的是定位，判断左脑、右脑思考是方法和工具。有的定位，有明确的左脑和右脑倾向，有的定位，是同时针对左脑和右脑的。

比如，iPod音乐播放器，把1000首歌放进口袋。这是用理性的话术讲着感性的内容。电视剧中经常有人在表白：说我爱你三生三世。三生三世是理性的表达，内涵却是感性而模糊的。三生三世是多久，是三辈子吗？人能活三辈子吗？所以这种理性又模糊的表达，也被称为鬼话。

鬼话是什么话？鬼话和谎话是不一样的，谎话是听起来像真的，其实是假的。鬼话听起来不像真的，但给人真实的感觉。

　　做广告和定位的人，逻辑和鬼话差不多，人们经常把广告策划人称为鬼才。所以，鬼和创意是有关联的，战略和"道"是有关联的。做创意要鬼才，做战略要有道。

如何同时解决左脑和右脑的问题？

1. 通过左右脑融合做定位

　　一对情侣吃火锅，男的喜欢清淡的汤底，女的喜欢火辣的汤底，意见经常不一致。如果意见不合，吃顿饭还影响两人的感情。最后饭店想了一招，做成鸳鸯锅，一半辣一半不辣，各取所需，完美地解决了二人需求，也解决了左脑和右脑的思考。

　　后来餐饮再次升级，做成四格火锅，可以放四种汤料。在重庆，还有九宫格火锅，一个大锅，九个格子，九种汤底。大家围在一起，一是可以选择自己喜欢的汤底；二是解决串味的问题。有了九宫格，就解决了众口难调的问题，也解决了左脑右脑的选择问题。

　　很多创新，其实就是依据左脑和右脑来设计的。

　　比如，香烟是什么产品？感性的，还是理性的？其实感性和理性的人，都有抽烟的人。烟盒上明确标出

"吸烟有害健康"，理性的人一边抽着烟，一边深思熟虑，抽完这支要不要戒烟？非常纠结，最后卷烟厂顺势而为，推出了很短的烟，俗称三口烟，三口就抽完。价格还更贵了，180元/盒。这样的烟，解决了那些抽烟纠结的人的需求。

SUV汽车是介于普通轿车和越野轿车之间的车，它同时满足了左脑和右脑思考的需求。

2. 左右脑一先一后的定位

有的产品是先有理性思考，再有感性思考。有的产品是先感性思考，又转为理性思考。

比如，我们买车，经过一番思考，对比，试驾，最终选了一款车——又省油又好开，车身还比较大，适合居家旅行。车开了三年，彻底喜欢上这款车了，变成情感依赖，达到了人车合一的境界，人和车磨合得非常好。之后赚了钱，换车时，就选了同款配置更高的车。

你会发现，每个品牌的汽车，都有相应的俱乐部，俱乐部里的成员，都是非常忠诚某一个品牌中的一个系列。尤其是沃尔沃生命俱乐部，加入这个俱乐部有一个条件，就是经历过生死。说白了，就是车救了你一命，才有资格加入。因为理性选择了沃尔沃，又因感性而忠诚于沃尔沃品牌。

还有一类，是因为感性思考选择，之后返璞归真，理性思考，做了对比和研究，最后用了几年，发现产品真是物有所值。

比如，德国博世品牌，购买这个品牌的人都是理性消费者。只要他用上三五年，就能体会到产品的好处了。其他品牌的十字螺丝刀拧上几次，十字口都磨坏了，再也拧不开螺丝了。但是博世的螺丝刀，用三年还没问题。

3. 左右脑互搏的定位

不管大事小事，一有思考就陷入纠结，一会感性一会理性，这就是没主见。经过一番纠结，做出一个无奈的选择。如果是战争，纠结的人绝不能当统帅，不然会拖累全军。

如果是做企业、做产品、做定位，可以引导消费者左右脑互搏。

比如，可口可乐的经典款卖得好好的，又推出一款零度可乐，无糖无热量。没有白砂糖，不提供任何营养，喝了不胖。经典款可乐是卖给感性消费者的，零度可乐是卖给理性消费者的。

零度可乐的对手不是百事可乐，而是可口可乐。推出零度可乐，不就在夺取经典可乐的市场吗？虽然零度可乐会夺取经典可乐一部分市场，但是一加一大于二，两种可乐加起来的市场反而变得更大了。

手机界也有一个左右互搏的案例。

比如，vivo和OPPO这两个品牌的生产厂家，都是段永平投资的，两个品牌一直是互搏的状态。主色调是一蓝一绿，被人们称为蓝厂和绿厂。这两个品牌的手机店，总是挨在一起。外面的招牌，一蓝一绿特别醒目。广告各投各的，节目冠名各做各的，要的就是左右互搏。

哪怕是出口国外，也是放在一起左右互搏，就像两个儿子，互相促进，更好地成长。但是这样，把纠结留给用户，企业就不会纠结了。

其实，任何企业做大做强，一定会有多品牌左右互搏。

比如，淘宝剥离出天猫，变成两个平台，有没有竞争？竞争大得很，流量也分割了。后来淘宝又把"淘宝特价版"剥离出来，做成独立的APP"淘特"，你说流量会不会分割，竞争会不会更大？

当然，很多企业就是因为左右互搏而变大的。

比如，当初的"今日头条"，把里面小视频剥离出来变成"火山小视频"，把长视频剥离出来变成"西瓜视频"，还有把汽车频道剥离出来变成"懂画帝"。这些APP都会分离客户，都会抢夺流量。毕竟人们用手机总时长是一样的，内容越多，各个APP使用的时间就不多了。

以上就是左脑和右脑的思考方式，最后系统化做个总结。

你的产品强化功能，就策划左脑的定位。产品要强化感受，就策划右脑的定位。在电视频道黄金档投放广告，要放一些感性的，因为老年人看得多一些。年轻人喜欢看抖音，在抖音上投放的广告要理性一些，要强调性价比。

拍短视频也可以用左脑右脑设计，产品偏理性可以用感性表达，产品偏感性要理性表达。比较保险就是感性产品，买家要看到具体的收益；酱油之类是理性产品，可以表达炒菜的画面。经营企业，你是左脑思考的人，要找一位右脑思考的来搭档。反过来也是，你们互相搭配，决策就不会出问题。

学会左脑右脑，学会定位策略，就可以随时随地灵活应用。停车的时候，扫一眼就知道汽车是给哪类人开发的。逛街时看一下新产品包装，就知道这是给哪类人提供的。看电视广告，就知道是给哪类人看的。久而久之，就能发现各种商机。当你发现一个需求，就相当于发现一座金矿。当你发现两个需求之间的空白，不就是发现蓝海了吗？

六、用自身特点做定位

定位落地的方法有很多，最直接的方法就是，寻找产品自身的特点。如果产品的特点有很多个，就从中选一个特点作为定位。

比如，一款化妆品，不仅能美白，还特别能补水，还有防晒、祛斑的功能。功能这么全，相当于没特点了。因此，定位选择其一，定位做中端市场的美白产品。

有一款水，来自西藏原始冰川，5100米高处的水源，水中有丰富的矿物质，口味纯正，品质很高。有这么多特点，最终就选了5100米作为定位。在市场推广方面，坐高铁免费送水，通过赠送，打开了市场。这是定位之后的战术。

再来看一个案例。

宁夏金河乳业推出一款枸杞牛奶，就是在牛奶里加上宁夏的另一种特产——枸杞。它有什么特点呢？首先，它是养生牛奶，枸杞本就有养生功效；其次，它是营养牛奶，枸杞和牛奶都是有营养的；再次，它的口味很好，牛奶有了水果味，确实比较好喝；最后，它的颜色也不一样，牛奶是白色，水果牛奶是红色的，也叫红牛奶。

到底用哪个特点来定位呢？好像也没有明确的特点，所以它一直处在牛奶的第二梯队。

其实，牛奶不管找哪个定位，也难以超过第一梯队的蒙牛和伊利。定位是杀手锏，但有了杀手锏不一定能成为第一名。

湖南有一家羊奶企业，其产品的特点是什么？营养价值高，但是牛奶有上市公司，羊奶还没有上市公司。如果用这个特点做定位，可能被挤到第二梯队。虽然国内老百姓也给孩子喝羊奶，但在人们心智中，还是认可牛奶，尤其是从新西兰和澳大利进口的牛奶。当妈妈的，会首选进口牛奶。牛奶之后会选羊奶，羊奶之后选骆驼奶。其中骆驼奶是更好的产品，营养更高，品质更好，但是人们认知里面，还是以牛奶为主。

羊和牛自古以来都在被区别对待。牛奶贵，羊肉膻。早年的老山羊，有很浓的羊膻味，人只要吃完，全身都是膻味儿。所以做与羊相关的产品，羊肉、羊奶等，都比牛肉多一道加工工序，要教育消费者。

比如，羊肉火锅店会把切肉的过程通过玻璃窗展示给人们，让人们看到切工，并且还闻不到膻味。

我们知道，纯正的羊绒衫很稀少，也很昂贵，为什么呢？因为只有一种羊身上的毛可以做羊绒衫，而且产量很少，一只羊身上，一年只能产二两羊绒。一件羊绒衫，需要40只羊的羊绒，这就大大推高了羊绒衫的原料成本。但是羊绒衫有一个特点，就是保暖。一件又轻又薄的羊绒衫，比一件厚重的毛衣还暖和。

比如，羊绒行业第一品牌是鄂尔多斯，有了这个行业"领头羊"，其他品牌怎么找定位呢？另一家羊绒衫公司，名叫鹿王，就在羊身上找特点。它说："我的羊会吃中草药，产出的羊绒质量更好，没有异味。"然后它的产品，定价比鄂尔多斯的高30%。

品牌选鄂尔多斯，行家选鹿王，这就是鹿王羊绒衫的定位。

通过以上这些案例，可以看出，有一些产业暂时只能处在第二梯队，这是先天注定要培育市场的，需要进行市场定位，等用户全盘接受，才有可能进入第一梯队。

比如，酒的市场极具规模，白酒有引领者，红酒有引领者，啤酒也有引领者。有一款酒，叫古越龙山，它是怎么找特点的呢？

陆游有一句诗："红酥手，黄縢酒，满城春色宫墙柳。"这里的"黄縢酒"，就是官酿的黄酒，是给皇帝喝的酒。有了这个特点，差异化定位就找到了。之后的战术也好找了。比如找代言人，找谁呢？要找皇帝。皇帝找不到，就找演皇帝的人——陈宝国。

黄酒和劲酒有什么区别？劲酒30多度，古越龙山51度，第二个特点也找到了，古越龙山是高度保健酒，这样就把定位落实了。

再看一个国外的案例。

劳力士是瑞士高端手表，刚进入中国的时候，他们就找到了一个特点——防水。劳力士作为高端手表，这个高端要怎么体现呢？防水要防多少米呢？别的手表是防水50米、100米，最多300米，戴着手表游泳也不会进水。但是劳力士把手表放在海下3900米还能防水，这个试验听起来就很高端，获得了大量媒体的报道，这个定位因此深入人心。

通过产品自身特点来找定位，这是寻找定位的第一个方式。产品有什么特点，就用什么特点；什么特点容易进入人的心智，就果断使用这个特点。除此之外，还有其他定位的办法，比如找不同、找对立面、找品类、创造新品类、聚集、数一数二等，办法没有好坏，只有适用。

七、寻找第一做定位

第一属性就是第一选择，寻找第一属性做定位，比其他任何属性都好。同样的道理，如果你要融资，难道不值得把第一属性拿出来吗？如果你是投资人，你也会抢着投资第一属性明显的公司吧！

那么，如何寻找第一来做定位呢？

1. 已经做到第一

商业不需要谦虚，能做到第一，就可以直接占据消费者的心智。

比如，啤酒行业最喜欢用销量第一来定位。百威啤酒说："我是全球销量最大的啤酒。"其他啤酒怎么办？来到中国，它就说："我是德国销量最大的啤酒。"来到美国，它就宣传："我是中国销量最大的啤酒。"销量大，在消费者心中，就认为产品好。

福特汽车说："我在全美销量第一。"香飘飘说："一年12亿人都在喝香飘飘奶茶，一年能绕地球12圈。"香飘飘没说第一，但是通过这个广告语，传达出第一。还有一个品牌说："中国十罐凉茶，七罐加多宝，全国遥遥领先。"这里的"全国遥遥领先"，也没说我是第一，但是十罐里面占了七罐，明显是第一。当然，这是加多宝当年的成果，不是现在的。

老板抽油烟机，通过一个精准的定位——大吸力，占据了消费者心智，做成了抽油烟机领域里的第一名。然后加强定位，直接说："中国每十台大吸力抽油烟机，六台是老板。"开始凸显老板电器的领导品牌，接下来就能把同品牌其他电器带火了，包括洗碗机、燃气灶、净水机等，这是一个定位的妙招，有更高维度的商业智慧。

很多商品已经是第一，拿第一做定位自不必说。如果没有第一，就要从其他角度来寻找第一了。

2. 从销量找第一

某产品某一阶段销量非常好，拿出来做定位。只要某一阶段处在第一即可，毕竟"花无百日红"，任何产品的销量也不可能一直处在第一。

例如，链家网有一个阶段其房源很热销，它就说："58%的人在链家找到满意的房子。"58%这个数据，让人感觉链家就是市场第一了。

同样，在2022年卡塔尔世界杯期间，腾讯、新浪、搜狐、网易等，都说自己是第一，都拿出了第一的数据，其实就是找了一个阶段性的高峰数字，也没说错。如果他们说错，就会涉及虚假宣传。

3. 找到唯一

在某个方面有唯一性，也可以做第一的定位。

比如，有一个海参品牌叫上品堂，它宣称自己是：

"中国唯一一家专注高端海参的品牌。"还有一家公司叫大湖股份，是中国淡水鱼行业唯一一家上市公司。

用唯一做定位的案例不多，因为唯一随时可能被打破。如果是行业唯一，会涉及垄断。产品如果是唯一，有可能是别人瞧不上的产品。

4. 第一个做

第一个做，也值得拿出来说。

比如，海尔是中国第一个做冰箱的。格兰仕，第一个做微波炉的。亚马逊，第一个网上书店。邦迪，第一个胶贴绷带。依云矿泉水，全球第一个高档瓶装水。施乐，第一种普通打印机。惠普，第一个做激光打印机的。

还有王老吉，传承190多年，历史悠久。王老吉创始于1828年，这个传承数据年年在刷新，但是王老吉没有拿历史作为第一定位。它的第一定位是预防上火的饮料，第二定位是正宗凉茶，第三定位是创始于1828年。这些内容都印在罐子上。历史是悠久的，市场也是残酷的，有时候说了第一个做，并不能冲出市场。

我在这里补充一个观点，现在的食品行业正在面临洗牌，各种添加剂也被摆到台面上，所有添加剂的成分，一定会被展示出来。到那时，古法制作的食品一定会火起来。古法制作的科技含量很少，但它的优点就在于科技含量少。在食品方面，科技往往伴随着垃圾食品。你去买酱油，你是选择古法酿造的，还是选择科技混合的酱油？古法酿造会成为一个生态，机械有智能制造，食品有古法酿造。

5. 找品类里的第一

这里是指在人们固有的品类里寻找第一，而不是开创新品类。

例如，全聚德，中国第一家烤鸭店。柒牌中华立领，中国第一个立领男装。斯坦威钢琴，全球第一个不生锈的乐器。至尊租车，中国第一个做租车的公司。

这里重点要说一下至尊租车，它为什么最后没做成？你想一下，第一个做，是不是也意味着需要培育市场呢？第一个做，极有可能成为"先烈"。所以第一个做租车倒下了，第二个接班，又倒下了。第三个是神州租车，做成了。2015年神州租车营收做到了44亿元，净赚14亿元。

以上就是寻找第一的五个方法，最后我补充两点，寻找第一，找的是人们心智里的第一，所以不要挑战人们认知的第一，你可以生产出更好喝的可乐，生产出来又能如何，人们会认可你是第一吗？

有些行业，可以拿第二来做定位，就是标榜我是老二，虽然营业额比不上老大，但利润可能更高，活得更轻松，这是著名的数一数二战略。

还有一点要注意，寻找第一做定位，在对外宣传时，要舍弃"第一""之最"的字样，改用"领先者""领导品牌"代替。因为广告法不允许你说第一，所以达到了第一，说出来也要很委婉。

八、单点突破聚焦定位

小时候我们都玩过这样一个游戏。

放一张纸在地上，用放大镜把太阳光聚焦到纸上，很快这张纸就被点燃了。这是不是说明太阳光很强？当然不是，你自己就暴露在太阳光下，却毫发无伤。是不是这个放大镜比较厉害呢？也不是，我们小时候用放大镜看地图，看地球仪，也没有出现燃烧。

到底是因为什么？因为聚焦。太阳光透过放大镜，聚焦到一个点，这个点会聚集强大的热量。这个原理很简单，但是聚焦过程中，不能移动放大镜，动一下，能量就分散了。

这张纸就是市场，放大镜就是定位，只要聚焦，就能打透一个市场。在聚焦的过程中，要坚定不移，不能偏离，要不然市场就丢了。中小民营企业、创业期企业、低谷型企业、转型期企业，就要做单点聚焦定位，聚焦一个产品，聚焦一个人群，聚焦一个点来运营市场，这就是单点突破的聚焦定位。

单点聚焦打好基础，才可以实施多点聚焦。任何企业并不是只做单品，也不是只有单一服务，大医院不只看一种病，汽车公司不是只生产一种车，飞机场不是只有飞机，抖音也不是只有短视频，腾讯也不是只有游戏，它们有庞大的产品线，有庞大的用户群体。

1. 落地策略：不能全线出击

单点聚焦定位，有两个落地事项，一是不能全线出击，哪怕你手里很有钱，哪怕你手下人才很多。

比如，2000年左右，TCL崛起正当时，它不仅是惠州的名片，还是全国的标杆。创始人李东升意气风发，宣称要全面学习索尼，对标索尼的产品线。索尼有什么，TCL就做什么。于是TCL产品全线铺开，有电视机、手机、摄像机。

索尼的产品价格很高，TCL的价格很低，价格至少低一半。当时索尼的电视机要上万元一台，TCL只要三千元。但是，由于扩张过于快速，而管理能力跟不上导致产业之间未能发挥协同效应等原因，这些企业在多元化战略过程中出现了企业价值下降、财务绩效变差等问题。最后这些产品线，关的关，卖的卖，清算的清算。TCL不得不将资源集中于核心产业，将非核心业务纷纷剥离出去，才挽回败局。

其实和TCL一样的创业者有很多，全线出击的企业也数不胜数，只要是风光的时候，必然全线出击。这些公司就是没有用放大镜精神，没有单点聚焦，没有把一张纸先燃烧了。如果一个点成功了，其他品牌成功的概率很大。

2. 落地策略：和而不同

单点聚焦定位，第二个落地策略，就是和而不同。

聚焦和你不同的地方，这本就是商战智慧。你卖苹果，我就卖香蕉；你做产品，我做服务；你做电视机，我做电冰箱；你做上游市场，我就做下游。反正就是与你不同，这样的结果是什么？大家可以共赢。

但是很多创业者就喜欢模仿，最好和别人一模一样，结果会怎样呢？

例如，一条街有一家面馆，旁边或附近也会开一家面馆，两家面馆开始争斗。有了竞争，两家服务提高了，价格也不高了，还都赚钱了。结果旁边再开一家，对面再开两家，最后这条街就有好几家面馆，严重饱和，导致恶性竞争，大家都不赚钱了。其他还有卖服装的、理发的，类似这样的店铺，一条街有超过三家同质化的店，大家都不赚钱了。

一条街独一家也不行。吃的就一家，衣服就一家，理发就一家，什么也没得选，什么也没竞争，最后这条街变成了"鬼街"，人们都不想去逛了。为什么？因为没得选，服务就会很差，你看很多街道是不是这样？过度同质化，完全没竞争。不管是独一家，还是很多家，两个极端都不会成功。独一家，就会垄断市场，价格就会虚高。所以，任何行业，任何企业，大大小小的竞争，都要做到和而不同。

当前正是新能源汽车的风口，竞争非常激烈，我预测一下，最后一定是只剩下三五家。你猜猜看，最终剩下的这三五家，是规模最大的吗？不是。是最有钱的吗？也不是。是销量最多的吗？也不一定。任何汽车的销量都有巅峰期，都有低谷期。最后剩下的，一定是聚焦的，和而不同的，那些不聚焦的会一一消失。

比如，当初长城汽车有很多车型，其中皮卡卖得很好，一直是全国销量第一，巅峰时能占到一半的市场。皮卡之后，长城汽车要聚焦到哪里呢？长城汽车的运势很好，运气也不错，它被定位创始人里斯发现了，里斯虽然人在美国，但是一直关注着中国的企业。里斯建议长城退出常规轿车，进入SUV领域。

当时长城的SUV车型，在全国的市场只有5%的份额。对于长城来说，把大的市场放弃，聚焦一个小的市场，放弃赚钱的轿车，聚焦一个眼前不赚钱的车型，放弃成熟的用户心智，聚焦一个不成熟的心智，这个风险得有多大？

长城汽车确实纠结了很久，开了很多会议研讨，最后还是听了里斯的定位建议，这真是运气。

如果长城继续做常规轿车，市场一定会被其他车企一点一点蚕食，长城汽车的竞争力并不强。后来聚焦SUV汽车，并不是用长城来命名，而是打造了一个子品牌——哈弗。这个子品牌，用了聚焦定位，等同于SUV。顺应定位之后的五六年，哈弗汽车销量是国内第一，这是运势。当哈弗汽车销量领先，那么整个长城汽车也会立于不败之地。

再看一个同样的案例。

老板电器聚焦于抽油烟机，把这款产品打透，获得市场第一，然后把整个老板电器集团带火，把抽油烟机的兄弟产品也带火了，这就是聚焦战略的力量。

但是，如果你一个点都没突破，其他点也不会突破的。这就是一点不破，点点不破。一点突破，点点突破。

九、多点突破延伸定位

聚焦是企业运营的底层逻辑。聚焦战略是针对企业的，聚焦法则是针对思维的，聚焦方法是针对操作的，聚焦定位是针对心智的。

单点聚焦，只聚焦一个点，这是针对中小企业、转型期企业、低谷型企业的定位。而多点聚焦的一种——横向延伸聚焦，相当于你同时拿四个放大镜，聚焦太阳光照一张纸。可能有一个点没烧着，其他三个点烧着了，这就是横向延伸聚焦。相当于大集团推出了四个产品，三个成功了，而一个失败了。

另一种是多点聚焦，是矩阵式聚焦，相当于拿四个放大镜来照四样东西。比如，一个对着纸，一个对着害虫，一个对着钢笔帽，一个对着石头。最后纸燃烧了，害虫烧死了，钢笔帽发热了，而那块石头纹丝不动。这相当于大集团同时启动四个不同的产业，两个成功了，一个有点起色，一个完全失败。

先看横向延伸的聚焦，我举一些案例，你就明白了。

世界最大的汽车公司——美国通用汽车，当初的产品就是一锅大杂烩，有各种各样的汽车，雪佛兰、奥克兰、老爷车、别克、凯迪拉克、土星……足足几十款，完全没有聚焦。

顾客来买车，通用的服务员问："先生，你要什么车？"意思是，我们这里什么车都有。但是人们去丰田汽车店，服务员会问："先生，你要什么价位的车？"通用没有聚焦，被丰田汽车压着打。日本丰田汽车在美国卖得非常好，就是因为聚焦。

后来，通用汽车公司换了领导人，开始对几款主打车型进行定位，把车型进行区隔，价格进行区隔，有普通的、中档的、高档的，有几个单品汽车，都有明显的定位，明显的用户心智。比如别克汽车，很有商务范吧！

这就是聚焦的底层逻辑，几个点同时定位，叫多点聚焦。

如果不是同时定位，就不存在多点聚焦了。

再看一个矩阵式聚焦的案例。

华为在创业初期，也是单点聚焦，聚焦交换机，把交换机市场打透了。之后在5G项目上，又是单点聚焦，打透了技术和市场，还拿下了世界级5G标准。创始人任正非提到，力出一孔，利出一孔，团结奋斗，才能打赢。

随着时代变化，2021年华为开始多点矩阵式聚焦，成立15个军团，包括互动媒体、煤矿军团、智能光伏军团、智慧公路军团、智慧海关、智慧港口军团，还有运动健康、显示芯片、园区网络、数据服务、数据中心、模块电源、机场轨道、电力服务、政务一网通。

这15个军团，既有数字化升级、新能源风口、细分产业，又有个人消费服务。互相不沾边，各有各的定位，各有各的打法，可以说是四面出击，百花齐放。但这些军团提供的服务，都是横向延伸，人们并没有感觉混乱。

做多点突然，要特别注意，只要新的业务会影响到主业务，用户心智就会混乱，业务很难成功。

比如，茅台的用户心智是什么？高端酱香型白酒，这个定位深入人心。但是茅台总想从单点到多点进行突破，于是推出茅台啤酒，用了几年时间，投了几亿元广告费，用了几千个经销商，没做起来。因为扰乱了用户心智，感觉啤酒里有酱香的味道，白酒有啤酒的泡泡。

其实，做多点矩阵聚焦时，可以效仿长城汽车的聚焦战略。

前面说过，长城汽车定位SUV，并没有用长城这个名字，而是取了一个新名字——哈弗。通过定位，让哈弗等于SUV，虽然在用户心智上绕了一个弯，但用户心智稳定，不会影响到长城汽车，以后长城还可以推出其他车型。

但是，很多大企业、大集团，上上下下几万人，不可能只做一个产业，不可能只做一个产品，不可能只聚焦一个点。肯定是要多点突破的，肯定有很多互相不沾边的点同时进行。

在这种多点突破的情况下，要记住以下三个原则。

第一个原则，单点产品穿透以后，再做多点横向延伸。

比如红罐王老吉成功了，推出了绿盒王老吉，这样顺势而为，很容易成功。

第二个原则，单点功能完善，再做多点矩阵丰富。

比如，微信最初就是一个可以语音对话的软件，后来有了朋友圈，有了公众号，有了微信支付，有了红包。再后来又有了企业微信，这是在功能上多点丰富。

抖音也一样，最初做短视频，主打15秒视频，后来有了1分钟视频。接下来横向延伸，有了抖音极速版、火山小视频等，用户突破6亿。接下来，在功能上丰富矩阵，可以直播，可以支付，可以做电商，可以满足用户更多的需求。今天的抖音，加上海外版，用户已经接近10亿了。

第三个原则，多点突破，物极必反。我们学习定位，不管怎么聚焦，不管怎么延伸，都会物极必反。当产品线太丰富，用户心智会混乱。当功能太丰富，产品会非常臃肿，用户会失去聚焦。所以何时做定位，何时做战略，多点突破时，适可而止。

用聚焦来做定位，单点突破是多点突破的基础。

十、开创新品类

用新品类做定位，才是最有价值的定位。当你成功开创了一个新品类，相当于找到一片蓝海市场，树立一个新的标签。

开创新品类做定位，我总结了以下五种可行的方法，如图3-2所示。

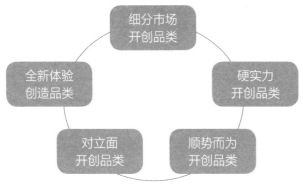

图3-2 开创新品类的方法

开创新品类的方法，排名不分先后，价值不分轻重。在定位落地时，你只要用其中一个方法就可以。

1. 细分市场开创品类

如果你做机器人产业，很难进入用户心智。

说起机器人，人们想到的是一个长得像人，可以慢慢行走的大玩具。哪怕你做到了市场第一，定位为"最聪明的机器""中国最大的机器人制造基地""家庭智能保姆"等，都无法进入人们的心智。

必须细分市场，分为工业机器人、安保机器人、导购机器人、运输机器人、扫地机器人、探险机器人。细分以后，新品类就明显了，新的定位就出现了。人们有了认知，就会选购你的机器人了。

总之，机器人市场很大，模样是越来越不像真人了。但做的事，越来越灵活，越来越像真人了。

如果你是做蛋糕的，这个市场很大，而且是越来越大。因为蛋糕的作用，已经不再局限于吃，而是庆祝生日、纪念日等。所以做蛋糕的必须细分市场，分为高端订制的、中端订制的、低端订制的。细分以后，才有市场。

2. 硬实力开创品类

硬实力，泛指所有强势的竞争力，包括高科技、新科技、黑科技、软科技等。当你有了硬实力，就可以轻松开创一个新品类，轻松把市场打开一个口子，而且别人不容易跟进。

例如，当年iPhone横空出世，苹果公司创始人史蒂夫·乔布斯亲自开发布会。这个新产品，直接开创一个新品类——智能手机，粉丝还没拿到真机，就看他演示，看到手机的大屏幕上只有一个按钮，都想拿来玩一下。发布会结束时，iPhone遭全球疯抢，苹果官方网站都被网购手机的人挤爆了。

后来，iPad平板电脑出来，依然是全新的品类，依然是全球疯抢。还有索尼的PSP游戏机，每一代都是全球疯抢。这些产品，需要硬实力才能做出来，而且做出来后，一年半载不会有跟进者。

硬实力的产品出来，消费者会自己开发心智，在他们眼里，手机只有两种，一种是苹果，另一种是其他。游戏机，一种是索尼，另一种是其他。

硬实力，不一定是电子器材，还有软性科技。

比如，NIKE经常推出一些新品类，球迷也在疯抢。

硬实力，还包括借来的实力。

比如，安吉尔净水器，宣称用的是美国原装进口的陶氏芯片。这个陶氏芯片，一听就很高端。有了陶氏芯片，用户会感觉安吉尔很高端。不是安吉尔用户的人，会较真，认为安吉尔只不过是组装品，用的是别人的芯片，凭什么定位高端？凭什么定高价？但这无所谓，自己没有，能借过来，同样可以开创新品类。

当年我们的国产车，因为使用了本田发动机，整车变得很高端。整个汽车最核心的部件是发动机，是借来的实力，这也没关系，消费者根本不管发动机，他只管整车好不好。

很多大学的EMBA班，每年学费甚至要50万元以上，讲师几乎全是外请的名师。来读EMBA的人，几乎全部是身家上亿元的人。这么高端，这么有钱的学员，根本不管名师是校内的还是校外的，他们只关注课程是不是有用。

硬实力的内容很丰富，国潮的、手工的、古法的，都是硬实力，都是拿得出手的实力。一款古法酿造酱油，虽然产量不多，也没有高科技，同样是硬实力。因为没有科技，才是真正的硬实力，如果是工业酱油，那就不是硬实力了。我们在使用硬实力开创新品类时，不要小看消费者的智商，也不要高估所谓高科技。

3. 顺势而为开创品类

现在人们开始关注健康饮食，慢生活，阳光生活。在吃的方面，提倡低糖、低脂肪、无醇、有机食品；出行提倡低碳；用品提倡环保、便携、时尚、国潮。这是人们的认知，我们要顺势而为，借势开创新品类。

例如，金威啤酒定位无醛啤酒，成为无醛啤酒的原创者，口号是"不添加甲醛，添加时尚"。这个品类，让金威抢占用户的心智。之后整个啤酒行业都要无醛，不然你的产品没人买。

同样，我们住新房，装修完也要晾一段时间，散一散甲醛。生活中任何部分，有甲醛就不行，这是所有人的共识。

顺势而为做品类，是时代驱动的，大家都强调无糖，你也要无糖，不然你就没销量了。红罐王老吉出来，盒装王老吉也出来了，后来瓶装凉茶也出来了，这是顺势而为，怎么方便怎么来。那种小罐油，就是吃火锅时，一人一罐的，都是顺着方便特性，开创了新品类。你不去开创，就会被市场淘汰。

顺势而为做品类，品类成功，市场不一定成功。

比如，有机蔬菜，大家都能认可它的好处。但是，如果你们整个小区就三户人家需要有机蔬菜，这个配送费就太高了。有机蔬菜的市场，还需要几年时间来培养，商家不要贸然进军有机市场。

同样，在洗发水市场，高手云集，去屑找海飞丝，柔顺找飘柔，香水味找伊卡璐，养发护发找潘婷，造型找沙宣，这些品类已经固化到人们心智里了，如何寻找新品类呢？

这个案例我们前面也讲过几次，这里是从如何开创新品类的角度来说的。

后来，有一款洗发水，强调无硅油，不伤发，开创了新品类，开创一个新的市场，享受上千亿元的市场。无硅油不伤发这个定位，牢牢进入消费者的心智，变成新的趋势。那么，老的品类怎么办？最后，所有的洗发水，都会在瓶子上面印上标识，强调"我也是无硅油不伤发"。

4. 对立面开创新品类

打防御战和进攻战，会用到对立面的战术。通过对立面，开创新品类。最经典的案例，就是百事可乐站在对立面，开创新品类，它是怎么做的呢？

百事可乐做了市场调研，发现喝可乐的人从10岁到100岁的人中，最集中的年龄是22岁。也就是，22岁的人喝得最多。于是，把可口可乐定位为老一代可乐，把百事可乐定位成新一代可乐。两者对立，把可口可乐打了个措手不及。可口可乐本来定位正宗可乐，牢牢占据心智，可口可乐已经等于可乐了。没想到百事出一招，直接找一个对立面，从此以后，切走一部分可乐市场。年轻人听到百事这么定位，就选择了百事可乐，认为"喝百事，显年轻"。

虽然找对立面是开创新品类的方法，但是对立面是一线品牌之间的竞争。如果你是小公司，你的对手林立，找谁来当对立面呢？你是小品牌，只能打游击战。你没有实力，找准了新品类，也没法打。

假如你在麦当劳对面开了一家餐饮店，门店和它一样大，它卖汉堡和薯条，你也卖汉堡和薯条。你们店面是对立，但竞争没有对立。消费者也不把你们放在一起对比，肯德基开在对面，那才叫对立面竞争。

业界有很多凉茶公司，看到王老吉的市场，也寻找对立面来做品类。

比如，邓老凉茶、黄振龙、和其正等品牌，王老吉推罐装，我推瓶装，王老吉广告投在湖南卫视，我就投在浙江卫视，王老吉冠名节目，我也冠名节目。最后有没有从王老吉手里抢走市场呢？基本没有，因为无法用对立面发动品牌战争。王老吉的对立面其实是可乐，吃火锅时，人们要么点可乐，要么点王老吉。

汽车行业的领军品牌，经常打对立面战争。

比如，奔驰代表尊贵，宝马就定位驾驶的愉悦。奔驰怎么凸显尊贵，当然是强调后座，坐在后面才能显示尊贵。宝马怎么显示驾驶的愉悦，强调前座，只有亲手开车，才能凸显驾驶的愉悦。

如果对方改变了定位，你要不要改呢？只要你认定对方是对立面的公司，他改你就改，他不改你也不改。这是兵法所说的，敌不动我不动，敌一动我就动。只有及时应对，才能赢得战争。

比如，麦当劳出什么新品，肯德基也会出同样的新品。肯德基出新品，麦当劳也一样会跟进。麦当劳推出一款冰激凌叫麦旋风，肯德基也出一款冰激凌叫圣代。二者口感一样、外形一样，售价差不多，可能就差一两元。总之你有什么新品，我在一周之内就出新品，做到你有我都有，你变我就变。

有学员问我："海底捞赢在服务，我没办法站在对立面啊？难不成，我要很差的服务吗？"我给他解释道，在餐饮行业，服务是大家共同的追求，不是对立面。餐饮公司拼的是口味，对立面当然是口味。于是巴奴毛肚火锅出现了，口味明显比海底捞好，所以它也赢得了市场。

我们一定要理解这样的逻辑，餐饮的主体是吃，而不是服务。竞争是在口味上竞争，服务是大家共同的。但是航空公司不一样，主体是准点起飞，安全落地。谁也不敢快飞，谁也不敢慢飞。所以，飞机的服务，有竞争对立面。你国航的座位宽，坐得舒服，收费高，我春秋航空座位窄，坐得不舒服，机票比你低，这样就对立起来，变成了竞争的对立面。

> 如果你打拳击赛，你就要找和你体重对等的人来打。你体重75公斤，不能和100公斤的人打。只要找到对立面，基本就可以找到新品类了。

顺势而为，是顺着外界的环境来做定位。找对立面，是顺着人心来做定位。人天生就喜欢找对立面，天生就喜欢把事物一分为二，白天黑夜，正面邪恶，圆的方的，大的小的。小学语文课，一开始就教学生找反义词。所以，用对立面开创新品类，这是顺应人性。

5. 全新体验创造品类

这种品类，不是细分市场，不是硬实力，不是顺势而为，而是全新的体验，来寻找新品类。

> 比如，小饿小困，喝香飘飘。如果你特别饿，就

去吃饭吧。小饿小困，可以来点香飘飘。经常用脑，多喝六个核桃。核桃到底能不能补脑？消费者感觉是可以的，大脑和核桃确实有点像，但是科学至今没有明确论证。

虽然六个核桃创建出来的品类很好，但是市场非常混乱。并不是因为补脑的问题，而是山寨的问题。你叫六个核桃，我叫七个核桃、八个核桃、九个核桃，还有金六核桃、六大核桃、六果核桃等，包装跟你一模一样。你请鲁豫代言，我请一个女性代言，发型和相貌都和鲁豫一模一样，看起来就是一个人，依然解决不了山寨问题。品类找得好，必定有跟风。

以上五个寻找新品类的方法，哪个更好用呢？没有更好，只有适合。你是小品牌，无法用对立面找品类，只能全新体验，感受产品特点。如果你是一线品牌，你是市场引领者，你的一举一动会变成行业标杆，你用的新颜色，都会成为年度主色调，你要打好防御战，不断开发新品类，永远快人一步，不要让别人超过。

十一、新品类创建的五大死局

不是所有的产品都适合做新品类，所以要规避。以下五种情况不能做新品类，也叫五大品类死局，如图3-3所示。

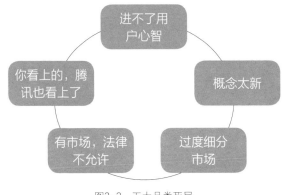

图3-3 五大品类死局

1. 进不了用户心智

为什么一些产品，难以进入人们的心智？

比如，国内曾经有一款白酒，切出一个新品类，叫纯净酒，声称这种酒经过高科技处理，不含甲醇，喝了非常健康。用高科技概念净化酒，违背了喝酒人的认知。这个品类从头到尾，进不了消费者心智，可以有纯净水，但不能有纯净酒。

星巴克以卖咖啡出名，想切入茶的市场，推出了咖啡和茶的结合，失败了。这么大的品牌，还是进不了人们的心智。其实失败的理由也简单，品牌越大，心智模式越稳定。从定位角度来说，星巴克已经等于咖啡了，如果做茶，总感觉茶里面有咖啡味。喝咖啡的时候，感觉里面有茶味，这不是乱套了吗?

历史不会重现，规律经常重现。星巴克做茶失败了，另一个咖啡巨头雀巢，也去做茶，同样失败了。

2. 概念太新

概念新不代表品类新，概念和产品有关，品类和人们的心智有关。一块月饼，你怎么改变包装，人们都有认知，就是一块月饼而已。但是作为新概念，人们没有使用场景，所以很多新产品，就会变成"先烈"。

比如，穿戴设备，就是把电子类产品和衣服结合，穿件衣服就能打电话。设计这样的产品，肯定是好莱坞电影看多了，想把里面的科技呈现出来。现在主流的公司，还是围绕着手机来扩展功能，手机功能越来越强大，而不是让衣服的功能变得强大。

同样，在新能源汽车赛道，有些厂家提出自动驾驶的概念，但是概念还是太新，而且存在重大安全隐患，所以自动驾驶进入了死局。

3. 过度细分市场

新品类就是要细分市场，但不能分得太细。市场分得越细，越不容易建立心智，适度细分就可以。最好的细分就是跟你差不多，比你多一点，比你快一点，比你省一点。这些话说起来，体现出的是中国式智慧。

比如，国内众多的凉茶品牌，黄振龙凉茶、和其正凉茶、邓老凉茶等，这些并不是细分市场，而是和王老吉正面竞争的凉茶品牌。但是，在凉茶市场上，出现了癍痧凉茶、罗汉果凉茶、夏桑菊凉茶，这就是过度细分，品类太小了。

人们刚刚搞明白凉茶是什么，又出来罗汉果、夏桑菊、癍痧凉茶等新概念，有点目不暇接，这样过度细分，用户心中会排斥。

康师傅以卖方便面出道，后来也做了茶饮料，推出了柠檬茶和菊花茶，细分市场没成功。主要是当时人们心智接受不了，后来康师傅又推出冰红茶、冰绿茶，红了，尤其是冰绿茶，成为瓶装茶饮料的领导品牌。

我们从细分市场的逻辑中可以找到一个规律：要从主流分到支流，支流也会变成主流。这是什么意思呢？

比如，市场上有普洱茶、龙井茶、乌龙茶、铁观音，把这些主流产品，封装成瓶装饮料上，这就容易成功。乌龙茶和绿茶的瓶装饮料，都大获成功了。

可口可乐主流是可乐，切出几条支流，柠檬汽水、橙子汽水、低热量汽水，这些支流全部成功，让可口可乐集团在全球软饮料市场份额超过50%。随着健康饮食的推广，可乐的消耗量，每年下降一个百分点，可口可乐并不担心，因为它各个支流的品牌，依然牢牢占据着市场。柠檬汽水是雪碧、橙子汽水是芬达、低热量可乐是健怡可乐，这些支流已经成长为主流。并且可以和主流抢市场了，芬达是一款橙味汽水，继续分出支流，推出了苹果味、葡萄味、青柠味、芒果味、水蜜桃味、菠萝味、西瓜味、草莓味、蜜桃味的支流。

4. 有市场，法律不允许

很多违法的市场，也是市场，也是细分的品类。还有一些新的品类市场，一开始没有立法，过了一段时间，才有了法律。

比如比特币，各种数字货币，这个市场就是经过一段时间，才知道是不是可行。但你可以相信，世界上任何主权强大的国家，不会让别人的币种代替自己的币种。

5. 你看上的，腾讯也看上了

IT产业中，像腾讯这种巨头在一个市场里渐渐饱和后，自然就会寻求新的增长点，不然它的发展就会受到限制。所以一旦腾讯认准了，抄你就是必然，这时候一是比技术，二是比决心。

无论如何，在巨头直面的战场正面竞争，其艰难客观存在，创业公司不和巨头的核心业务正面对冲，实乃上策。

在选择方向时，找准大公司身后的盲点，大公司转型慢本身就是一个通病。

比如，摩托罗拉不愿放弃在模拟手机上的优势，导致数字手机来临的时候被对手钻了空子；诺基亚也不愿放弃它封闭的塞班平台，导致智能机时代失掉行业老大的地位；微软就更不必说了，软件收费模式是其收入的主要来源，所以Google、Doc和其他的软件就能通过这一点蚕食它的市场。

最后对以上五种品类死局做一个总结，消费者心智不认的市场，不要贸然进去，不要强行推广。如果巨头在推广，只要不是真实需求，必然失败。细分品类时，要从主流到支流，支流也会变成主流。

所有定位的策略，最有价值的就是开创新品类，开创新品类是最值钱的策略，但这不一定是最好的定位策略。开创使用新品类时，记得五做五不做，尤其要注意五大品类死局的最后一条。

十二、以不变应万变坚守定位

做定位有两大误区，一是瞧不上定位，感觉定位没价值；二是瞧不上眼前的定位，总想改变。

比如，有一个咨询师，给一家卖菜的公司做定位。咨询师就从销量上入手，说成不了世界第一，先成为中国第一；成不了全国第一，先成为省内第一；成不了省内第一，先成为市内第一；成不了市内第一，先成为片区的第一。打出某某片区第一的定位，那也是第一，名正言顺，这个定位是管用的。一个一线城市的片区，少说也有上百万人，每天送菜、送油、送米、送面，营业流水比一家上市公司还要大，投资人会排着队给你投资。

而且咨询师还说，先定位片区第一，再定位南城第一，下一步定位全城第一。企业一边做定位，一边融资，一边扩张。这一套战略定位，已经很有用，做好定位，拿着商业说明书，目标是一个月就融到一千万元资金。

但是这家卖菜的公司，感觉这个定位没什么含金量，更没有什么神奇的地方。强调片区第一，而公司所有人都知道片区第一，连来买菜的用户也知道片区第一。把片区第一拿出来说，这不是太矫情了吗？

其实，做定位不要在意什么神奇不神奇，有用就行，而且当下有用就行。

比如，如果你是开店卖电动车的，你也想给你的店面做定位，提高一点销量，就不能用第一做定位，哪怕是街道第一，也不能说。你是一个经销商，你要强调服务，而且是售后服务，承诺车坏了，给你一辆电动车先骑着，修好了再换回来。这才是准确的定位。

还有一种定位的误区，现有的定位已经很好，想继续做大，不去其他方面创新，而是更换定位，期望换个新定位，争取新用户。这种想法太天真，争取新用户，意味着要放弃老用户。老用户已经认可你的定位，你的定位就没必要改。你要做的是，提高服务质量，可以设计一些会员机制，做一些转介绍政策。

比如，瑞幸咖啡推出会员机制，介绍一个新用户，新用户消费一杯咖啡，也给你一杯咖啡。这样不就保住老用户，增加新用户了吗？

但是，很多人总想用新定位去吸引新客户。

比如，可口可乐曾经改过经典口味，想争取新用户。老用户已经喝了二三十年，早就习惯这个味道，突然改了口味。后来这些忠实的消费者就游街示众，让可口可乐把口味改回来。

你看，营销界宗师级的公司，都会犯定位的错误，都会天真地认为，吸引新用户，还能留住老用户。

大企业出这样的昏招，一般情况就是空降了所谓的"精英"，挖到其他公司所谓的"高手"。这些人来了以后，要显示自己的实力，他不是改不好的地方，而是去升级好的地方。他不去雪中送炭，而是成事不足，总是把一个好好的产品，改得面目全非。

比如，霸王防脱洗发水，通过防脱这个定位，产品卖得好好的，非要搞出一个霸王凉茶，和王老吉抢市场。茅台白酒，有不可撼动的心智模式，已经等同于酱香型白酒。茅台非要推出茅台啤酒，那么，人们喝的到底是个什么味儿？是不是感觉啤酒里有白酒味儿？白酒里混着啤酒的味儿？后来茅台还不知足，又推出茅台红酒，还是一样的营销手段，还是一样的不懂定位，还是一样不了解客户心智。历史不会重演，规律还在重现。2022年，茅台雪糕又出来了。

列举以上这些案例，要说的是，定位深入人心，就没必要改了。如果有人想改定位，先改改这个人的大脑，看他到底想干什么？是想把公司搞垮，还是要显示他的创意，或者他本人就是竞争对手安插过来的卧底？为什么动不动就要改定位？

不要改变深入人心的定位，这对创业者来说尤其重要。

比如，有一个著名品牌叫李宁，最初定位是什么？第一运动服品牌。LOGO是什么模样？和NIKE相似的模样。口号是什么？"一切皆有可能。"这口号有多么深入人心？当年这句口号飘荡在市场上，是直接碾压"怕上火，喝王老吉""困了累了喝红牛""今年过节不收礼，收礼还收脑白金"这三句。

但是李宁公司空降了新的品牌经理，马上就把定位改了，把LOGO改了，口号也改了。新定位就是"90后李宁"，意思是70后、80后已经老了，开始不穿运动服了，定位90后，才是重要的市场。新LOGO也比以前的好看了。新口号改成什么了？"让改变发生。"估计很多人看完，也不知道什么意思？让改变发生，这和运动的精神有什么关联？这和90后有什么关联？90后的大脑就能欣赏这句口号吗？

本来70后、80后都是李宁的忠实粉丝，对李宁有特别的感情。他们亲眼见证了李宁在奥运会上拿下一块又一块金牌。90后有看过吗？当然大多没看过。录像有看吗？当然不去看，也根本不想看。他们对李宁品牌，根本没感觉。对李宁品牌的诉求，根本不了解。最后李宁没争取到新客户，也没有留住新客户，业绩一路下滑。

后来，李宁本人被迫复出，重新操盘，重新研究市场，重新提炼李宁的核心价值，重新选择代言人，重新设计服装，尤其是设计出中国风的衣服，介于休闲和运动服之间的服装，迅速走红国际市场。

但是2022年10月，李宁又发昏招，舍弃中国风，去弄什么怪异风格的服装，这件事又一次把李宁推到热点，这样胡乱的定位，就是破坏市场，破坏用户的心智。我们需要"破坏式创新"，但不要破坏式定位。

　　曾经有一家大公司，有一天和广告商说：我们足足合作了50年，你第一年就给我们做了定位，之后49年都没有什么创新。广告商说：第一年给了你定位，之后49年全力阻止你改变定位。这世界上，不变的事情才是核心，白天过去是黑夜，黑夜过去是白天，这是定律。24个节气，也没变成25个，这是定律。古法酱油，如果不坚守手工，用添加剂，很快就可以扩大销量，然后变成平庸的工业品。我们要明白，很多事情就是因为坚守，它才存在。就是因为坚守不创新，才完成一种创新。坚持不变，成为坚不可摧的文化。

第四章

定位
辅助

辅助落地的策略

落实定位，需要一系列辅助操作。比如，取一个品牌名，选一句广告语，设计一套品牌符号，升级产品包装，还有做活动、做路演、讲好品牌的故事，等等。所有操作，都是为了让定位进入用户的心智。你能进入多少用户的心智，就能拥有多大的市场。

一、如何用定位创作有效的广告

产品推向市场，口号推向市场，广告推向市场，不管是什么推向市场，不外乎传递三种感觉：惊讶的感觉，疑问的感觉，没什么感觉。

第一，惊讶的感觉，就是一个叹号，看到产品，表示大大的惊叹。比如，我们第一次见到iPhone4手机，第一次见到特斯拉汽车，有没有惊讶的感觉？绝对是大大的惊讶！

第二，疑问的感觉，就是一个问号，看到产品，心中会有一种疑惑感，就像看到悬疑片，意犹未尽。

第三，没什么感觉，就是一个句号，看完以后就结束了。没什么想法，没什么感觉，看完代表结束了。

我们做广告，做策划，做口号，要么让人有惊讶感，要么让人有疑问感，不能做了以后没感觉，脑中没留下任何回忆，那是失败的广告。

比如，近年来很多泰国广告，通过网络传到国内。他们的广告多是反转剧情，拍得很长，怎么也有五分钟。只要你不看完最后一幕，根本不知道它在表达什么？甚至看完以后，都不知道这是一条广告，你说这样的广告有用吗？

网上有人说，"真是好广告，看得我都泪崩了，看得我都睡不着觉。"那么，你看来看去全是感受，为什么没有买产品的冲动呢？这么长的广告，你会点开看吗？当然不会，这样的视频是被人们当剧情来看了。

很多人看完以后，还把剧情做了深刻解读，甚至写出5000字的公众号文章。虽然是深度认可，但他们认可的是剧情，不是广告。而且这么长的广告，在我国是无法在电视台投放的，只能投在自媒体上。

电视台标准广告时间是15秒，后来改为5秒。这样做是为了拉到更多的甲方企业，但是5秒时间无法展示场景与剧情，后来又改为7.5秒。专业广告人分析过，7秒是一条创意广告最短的时间，而7.5秒是一个独立的广告类别，刚好可以传递一个完整的信息。可以说，7.5秒是一只小麻雀，麻雀虽小，五脏俱全。

这样的时长，就非常考验文案功底了。如果是5秒钟广告，反而简单了，只能说两句话，放两个画面。但是7.5秒的广告，要完整，要创意，用户要精准，产品有诉求。

定位和广告本就是一个系统，一流的定位，二流的广告，结果也是二流的。二流的定位，一流的广告，最后传递的结果却是一流的。这就是近几年很多定位咨询公司风评差的原因，它们只做定位，只做一句口号，其他的事都不管。根本没什么含金量，就是用"高端""经典""大师""正宗"等词，经常把一个产品从理性诉求变成感性诉求，最后输掉市场。

广告如何做？要提前做好定位，广告都是围绕定位而展开的。

比如，脑白金的定位是：送长辈的礼物。广告经常变，表达方式经常变，有两个老人的对话，有两个老人在跳舞，还有两个卡通老人在跳舞。所有广告都围绕一句广告语展开：今年过节不收礼，收礼只收脑白脑。

定位用广告来展示，什么效果呢？就是前面说的两种效果，一种是问号，另一种是叹号。

来看两条广告片，感受一下问号式广告效果。

一条是周杰伦拍的优乐美奶茶。

女主角第一句话问：我是你的什么？

周杰伦说：你是我的优乐美啊。

女主角说：原来我是奶茶啊？

周杰伦说：这样，我就可以把你捧在手心了。

一问一答，解除疑惑。最后收尾是一句广告语：爱她，当然要优乐美！

另一条是小葵花药业的广告，第一句是：小葵花妈妈课堂开课啦！孩子咳嗽老不好，多半是肺热。这就是解答一种疑问，当妈的就会想，是怎么回事。

第二句是：用葵花牌小儿肺热咳喘口服液，清肺热，治疗反复咳嗽。妈妈一定要记住哦！这就是问号式的广告，通过问与答，解决你心中的疑惑。

感叹号的广告，先有惊讶，再消除惊讶。来看两则药品的广告。

江中健胃消食片的广告，第一句：亲朋好友一聚会，总是爱多吃，结果是吃得肚子胀，不消化，也没胃口了！

这就是一个感叹，接下来第二句话：所以家中常备江中健胃消食片，开胃、消胀、助消化！安抚你的惊讶。这条广告在黄金档投放，在春节时间集中投放。因为春节时间，黄金档的时候，正是一家人吃团圆饭的时候。看到这样的广告，让你有一个惊讶，再安抚你的惊讶，让你知道，吃多了怎么办，用江中健胃消食片。

再来看一条叹号式的广告，益达广告。

益达的定位是：关爱牙齿。广告诉求，有饭后嚼一嚼，有下班带一瓶，也有口气清新的。广告选用不同的人物，展示不同的场景。有明星演绎的，有路人演绎的。有上班一族，也有学生一族。因为益达这款产品，也不挑人。

这都是惊叹式的广告，惊叹之余，我们可以看出，广告和定位是息息相关，不可分割的。最后我们对广告和定位的关系做出总结。

第一，先有定位，再出广告语。有了广告语，再来写广告剧本。广告一般要剪辑三个版本，7.5秒版本，15秒版本，还有30秒版本。不同版本投到不同的媒体上。电视黄金档、电梯广告，当然是投7.5秒的，不是黄金档可以投30秒的。

第二，广告一定要围绕定位来创作，并且选择合适的主角，选择合适的剧情。合适的主角不外乎三种，一种是明星，要花不少钱来请。另一种是路人，就是我们老百姓，省钱还容易看出职业。第三种就是卡通人物了，葵花药业、脑白金这些，全部是用卡通形象，不用代言费用。

第三，广告有效就不要更换，坚持使用，坚持投放。为什么有些广告会变，要么空降一位品牌经理，要么换了一家广告供应商。新来的当然要推翻以前的成果，甚至会污蔑以前的成果。最后改了定位，改了广告，改了产品诉求，这样的修改是极其危险的，很有可能葬送产品的前途。所以，好的广告不要更换，好的定位不要改变。实在要改变，也有其他办法，做新品类，做第二品牌，做品牌延伸都行。

二、自动进入心智的品牌名

品牌名，是对外宣传的名字，是注册的名字。如何设计品牌名？以下几个细节，帮助你给自己的企业取一个好名。

1. 以不变应万变

有些老字号，是以创始人的名字来命名的，像张小泉、王麻子等。还有一些老字号，同仁堂、六必居、王府井、东来顺、全聚德、狗不理、云南白药等，像这样的名字就不要改变了，要坚守下去。

2. 与行业结合

与行业结合，一看名字就知道你是从事什么行业的。比如百果园、鲜橙多、周黑鸭、巴蜀风、农夫山泉、饭扫光等。还有微信支付、金华火腿、德州扒鸡、BOSS招聘、西贝莜面村等，都是与行业紧密结合取的名。

例如，说起德州这个地方，真是非常特殊。全国带"州"字的城市特别多，像广州、贵州、福州、惠州等，都有独特的品牌印象，唯独德州，很难形成品牌效应。但是，有几个与德州关联的品牌，把德州印象给改变了。德州电锯、德州扑克、德州扒鸡，前两个名字来自国外，而德州扒鸡是地地道道的山东名吃。

有一些品牌名，与行业沾边，实际内容却不一样。

比如，俏江南，听起来比较文雅，是做江南菜的，其实是川菜。这样传播，就会在用户心智上绕一个弯。

3. 取新名不走老路

想让名字太过于深入人心，就要走出新路，取出差异化的名字。

比如，大部分珠宝店，是不是都姓周？周大福、周生生、周大生、周六福、周百福、周瑞福、周福生，出现一大堆"周"姓珠宝，听起来都带有浓浓的山寨味。珠宝沾了姓周的光，但也损失品牌的效应。于是，很多人买珠宝，带周字的店都不进去。周大福上市被否了，因为这个名字没有竞争力。但是爱恋珠宝，DR珠宝，还有老凤祥，就不带周字，照样成功。

4. 名字与品类配称

只要可以配称，新品类也就成功了，这可以说是当下最好的起名方式。

比如，椰树牌椰汁，这个名字和产品配得多紧密。广州酒家，看上去是吃饭的。其实广州酒家也是一个老字号，老一辈人非常熟悉。后来还推出了同名的月饼，广州酒家月饼。

再比如，云南白药是品牌名，它做牙膏也成功。别人牙膏三四元一支，它的牙膏一上市，一支就卖24元。云南白药牙膏，名字连起来念，用户感觉牙膏带药，能治各种牙龈问题。牙膏让它一年净赚几亿元，这是云南白药的支柱产业。

5. 尽量可以注册

很多知名品牌没有注册，或者注册不了。还有很多人对知识产权、商标注册没有意识。起名很用心，注册不关心。

比如，哈弗汽车在国外注册不了。哈弗在国外，和哈佛大学名字读音相似。联想也是知名度很高的企业。但是联想这个词，在世界上几乎所有的国家，都注册不了。

联想、理想，都是常用词。太阳、月亮、星星、大象、袋鼠等，都是常用名词，尽量不要用这样的词做品牌名，但是可以作为形象设计的素材。

再比如，步步高是一个产品名，也是公司名。它要做儿童手表的时候，就想取一个好的名字。想来想去，花了很长时间，也没有取到一个好名字。最后干脆把小天才这个品牌名买下来。

小天才这个名字易于传播，和品类也沾边。没办法，想不到好名字，只能买别人取好的名字。

6. 尽量不要歧义

有些名字好记，但是有歧义。

比如，百万庄，虽然是一家餐馆的名字，但是感觉像一家娱乐场所，让人产生歧义。再比如，人造黄油，这个特性一听就不想买。人造的，不就是化工的产品吗？植物草本，听起来就是原生态的，但是没特色，植物草本，是描述词，不适合做品牌名。

TB2牛仔裤，读起来就"很二"，这样取名，都有歧义。

并非所有的名字，有歧义就不能用。

比如，BMW（宝马），人们会读成"别摸我"，但是宝马品牌强大，也不受影响。

锤子手机，这是逆势而来的名，靠的就是歧义来传播的。锤子这个词并不好，有些地方还是骂人的话。但是罗永浩用了就适合。

当年他拿起一把大铁锤，怒砸冰箱，锤子就和他关联上了。因为这个名字，收获了不少忠实粉丝。

7. 字越少越好

能用两个字就不要三个字，能三个字不要四个字，五六个字就太长了。面对长名字品牌，人们私下就会用两个字来简称。

比如，美特斯邦威，念起来有点费劲，人们会简称美邦；阿迪达斯，会简称阿迪；阿里巴巴也经常被简称为阿里。

一个字的名好不好呢?

比如，雕牌、马牌、柒牌、鹰牌……都算好的吧。白酒行业特别喜欢用一个字来命名，习酒、董酒、劲酒、郎酒。大家有了一定认知，这样取名也不会差。

比亚迪汽车型号就取一个字：秦、汉、唐、宋、元。这倒是找到了命名的精髓，还有其他朝代的字，比亚迪也注册下来了，以后会见到。

最后我们做一个总结，好名字要易于传播，一看能辨识行业，一说朗朗上口。如果发现名字有问题，晚改不如早改。实在想不到好名字，可以请外人一起来取名，或者在线征集名字。公司如果空降了所谓的品牌高手，他提出要改名，必须谨慎。看他改名是为了什么？是为了显示他的实力，还是真的为品牌着想？全球有很多好品牌，就是被这些"空降兵"改没了。

三、听一次就懂的广告语

"怕上火，喝王老吉"，这是定位吗？不是，这是口号。"神州行，我看行"这是定位吗？当然不是，这是口号。"一切皆有可能"这总该是定位吧？也不是，这是李宁当年的口号。"今年过节不收礼，收礼只收脑白金"这是口号吧？是的，这句话是口号。

我在课堂上，经常问学员一些简单的定位和口号，大家基本分不清。

其实，很多产品的定位人们并不知道，很多口号倒是知道。定位是战略，定位是树根，树根是看不到的；口号是战术，口号是树枝或果实，是可以看到的，而且恨不得投几亿元，把这句口号通过中央电视台传播出去。

1. 口号的五个价值

有定位，必有口号。定位不一定让人知道，口号必须让人知道。做好定位，要用一句口号传播出去。口号有时候也会包括定位的内容，有时候也没有。定位很有价值，口号同样有价值。口号有以下五个价值。

（1）用来传播

口号的第一个价值，是用来传播。通过媒体，把口号传播出去，让人人都知道。

比如，脑白金的定位，是送给长辈的礼品。脑白金的口号是："今年过节不收礼，收礼只收脑白金。"这句口号，把脑白金和送礼联系起来。

香飘飘奶茶，一年卖出七亿多杯，连起来绕地球两圈。这个口号是"连续七年，全国销量领先"。

很多口号在传播过程中，会把公司名带上。

比如：

"选择鄂尔多斯农商行，共奔小康新生活。"

"农村商业银行，助您一币之力。"

"东西南北中，浦发网银处处通。"

这些口号，一听就知道。但是有一些口号，完全听不出什么银行，也完全不知道是什么公司。

比如：

"心贴心的服务，手握手的承诺。"

"不用排队，便捷高效，鼠标一点，轻松搞定！"

（2）教育意义

新产品，需要用一句口号教育用户。不教育，用户不知道。

"日丰管，管用50年"的口号告诉用户，这个管子很耐用，而且一语双关。

（3）让人决定

当市场已经教育好，下一步就是让人下决定购买。

比如，三棵树油漆的口号"三棵树，马上住"，意思是，刷它的油漆，不怕甲醛困扰，可以马上住进来。

"爱干净，住汉庭"也是带有一点指令的口号。但这是市场已经教育好了，要不然，汉庭是什么，人们还不知道。当大家知道汉庭是什么，就可以下指令了。

"小饿小困，喝香飘飘"告诉你一个指令，如果你非常饿，就去吃饭吧。有点饿，可以喝香飘飘。

（4）传播理念

有一些口号，没带传播，没有指令，没有教育，就是传递一种理念。

比如，大行德广，伴你成长。正德厚生，臻于至善。你能听出这是什么行业？

大行德广，伴你成长，是中国农业银行的口号。

正德厚生，臻于至善，是中国移动的口号。

这些话都来自中华文化，如果你没有一点文化底蕴，根本看不懂。它们是央企，强化服务，服务大于宣传。所以口号的意义就弱化了。其实所有央企的口号，保证你一条也记不住，它们的实力，压根不用营销。

（5）测试市场

定位是不是精准，是不是深入人心，需要市场测试。怎么测试呢？可以选三条口号投放市场，看消费者反应，然后选一条效果最大化的。也可以一条一条投放来测试，直到找到精准的口号。

比如，千禾酱油做好定位，同时投放三条口号，一条是：零添加剂，天然好味道。第二条：零添加，够天然。第三条：零添加剂，添好味道。这些口号差不多，到底哪条好呢？公司决定不了，交给消费者决定了。通过测试，最后找到一条精准的口号。

王老吉是一条一条测试的，最早的广告语不叫：怕上火，喝王老吉，而是健康家庭永远相伴。最早的广告投放后，没什么效果。又做了一条：轻松防上火，享受好生活。这条有点感觉了吧，但是传播的诉求太多，到底是防上火，还是生活用品？之后做了第三条：怕上火，喝王老吉。这条口号，有效果了。

2. 做口号三个准则

我们做口号，有三个准则。

（1）先定位，后口号

口号要为定位服务，定位只有一句，口号可以有几句。不同角度，有不同的口号。

比如，厨邦酱油做好定位以后，口号是：晒足180天，厨邦酱油美味鲜。第二句：有图有真相，晒足180天。

香飘飘奶茶，销量角度的口号：香飘飘奶茶，一年卖出七亿多杯，连起来绕地球两圈。功能角度的口号：小饿小困，喝香飘飘。

（2）不同阶段，不同口号

如果产品做了活动，冠名了节目，赞助了世界杯、奥运会等国际体育赛事，口号会随时变化。

比如，王老吉冠名了一档综艺节目，叫《这就是歌唱，对唱季》，冠名期间的口号是：不怕过火，燃情对唱。既传播了不怕上火，又说了对唱，这口号就做得很巧妙。

青岛啤酒赞助2018年俄罗斯世界杯，口号改为：欢聚俄罗斯，为世界举杯。啤酒的罐子也改了包装，印上了世界杯主题。

（3）朗朗上口，发音标准，没有歧义

口号是用来听的，不能让人多想。不要有谐音，不要一语双关，越简单越好。用口语，俗话，老百姓日常说的话，就是最好的。

> 比如：人头马一开，好事自然来。
>
> 飘柔，就是这么自信！
>
> 头屑去无踪，秀发更出众。
>
> 车到山前必有路，有路必有丰田车。
>
> 农夫山泉有点甜。
>
> 三九胃泰，让胃暖暖的。
>
> 百事，新一代的选择。
>
> 麦氏咖啡：滴滴香浓，意犹未尽。
>
> 澳柯玛冰柜：没有最好，只有更好。
>
> 阿里巴巴：让天下没有难做的生意。

美国广告界有一个共识，口号要高中生能懂。史蒂夫·乔布斯对口号的要求，就是小学生能看懂。最后我们来看几条苹果公司的口号，这可是广告界的天花板。

> iPhone 4上市时口号：iPhone，重新发明了电话。很直接，随着这一条广告语，iPhone这个词，地球人都知道了。
>
> iPhone 6口号：岂止于大。这是翻译过来的中文，也

有人翻译为：比大的更大。

iPhone6s口号：唯一不同，处处不同。

iPod音乐播放器，口号是：口袋里的1000首歌。

iPad平板电脑，口号是：你的下一台电脑。

iPad Pro平板专业版，口号是：你的下一台电脑，何必是电脑。

口号是辅助定位的，我们讲了定位的五大价值，三大原则，还有很多案例，都是让大家做好定位的。下一节我们来分享，用五味来辅助定位的策略。

四、如何用人生五味设计广告语

"听一次就懂"的广告语，比如李宁——让改变发生，神州行——我看行，但是没有明确的行动指令，没说让人购买，没说让人体验；另一类广告语，给出购买指令，让人行动。

这两类广告语，没有谁好谁坏，而是用在不同公司，不同的阶段。集团口号应该传达理念，内敛一点；消费品就应该有明确的购买指令，直白一些。男性消费品可以理性一点；女性消费品可以感性一点。

如何设计广告语，给人们带来购买指令呢？

这就要对人的心理进行刺激，有刺激才有行动。对人刺激的法门，就是人生五味——酸、甜、苦、辣、咸。五味就是五种刺激，五种刺激也代表着五种口号。

1. 酸味广告语

说到酸，大家会想到醋。说到酸的广告语，会想到"酸诗"。像那些相思类的、暗恋的、无病呻吟的、土味情话等，都是酸诗酸句，这样的内容是不能作为广告语的，不然人们听了后不仅没有共鸣，还会产生反感。

比如，有一款智能垃圾桶，广告语是"智能生活，从垃圾桶开始"。这句听完酸不酸？智能生活，肯定不是从垃圾桶开始的，而是从扫地机器人，还有声控灯开始的。垃圾桶还排不到前几位，所以，必须重新寻找诉求。

再看MM糖豆的广告语：快到碗里来，你才到碗里去。这广告语是经典中的经典，这是用酸味，勾起人的食欲。让人产生好奇和欲望，这就是酸味的应用。

2. 甜味广告语

甜的广告语给人愉悦感、幸福感，甜味的广告，最容易让人们接受，但是无法深层次打动人。而且记忆时间很短，痛苦的记忆才刻骨铭心。甜味广告语，购买的刺激最小。这个逻辑很容易理解，人们有购买动机，要么是逃离痛苦，要么是解决问题，要么是抵消无聊，要么是显摆，等等。

所以，不会做定位，不会创作广告语的人，一般会出于自嗨，想一些甜蜜的广告语。动不动就说自己是开创者、领先者，反正不能说第一，就换个词来代替。你要真是第一，还用这样表达吗？这不是通过自嗨扰乱用户心智吗？

比如，李宁原来的口号是"一切皆有可能"，听起来很有力量。后来改为"让改变发生"，寡淡无味，听不明白什么意思，也留不下什么印象。

再看红牛的广告语：你的能量超乎你的想象。听完什么感觉？是不是有点甜蜜，但只甜了几秒钟。换一个广告语，"困了、累了，喝红牛"听了是不是很有感觉？

我们可以用加班的场景感受一下。为了探讨一个话题，会议开到夜间12点，人们接连打哈欠。你说了一句：你的能量超乎你的想象。大家会怎么看你？以为你迷糊了。你又说：大伙困了、累了，喝红牛吧！人们马上就响应了，这就是下了指令的广告语。

3. 苦味广告语

自古就有"良药苦口"之说，苦味的东西不好吃，但能治病。自然界的草药是苦的，其实人说的话也是这样，你苦口婆心，都是为了对方好。苦味的广告语，就是带有劝诫味道的语言，是用来解决问题的。苦味的广告，也是改变你认知的广告。

比如，三十岁的人，六十岁的心脏。六十岁的人，三十岁的心脏。你听到这样的话，有什么感觉？是不是颠覆你的认知？人年轻与否，不是由年龄决定的，而是由心脏决定的。你听到这样的劝诫，就开始发愁，怎么办呢？广告语后面就跟着解决方案，使用某某产品，解决心脏活力的问题。

再如，"洗了一辈子头发，你洗过头皮吗？"这样一问，还真把人问住了。平常只管洗头发，从不想着洗头皮。于是，洗头水横空出世。

这就是苦的广告语，给人治疗，给人方案，给人办法。你的产品属功效类，不妨从苦的角度来思考广告语。

4. 辣味广告语

口味上的辣，是最具刺激的一种食材；中医上的辣，是可以调理气血，疏通经络，预防风寒的药品；人格上的辣，比如辣妹子，性格外向，活泼热情，给人主动积极的印象。

知道辣的特质，就知道广告语如何设计了。

比如，苹果iPhone手机的广告，30个明星一起喊"hello"，就是这么重复30遍，简单而直接，外向而直白。看完以后，就像吃了辣椒一样，非常期待新款iPhone的上市。

如果是创意性产品，不妨从辣的角度，来创造广告语。

5. 咸味广告语

口味上的咸，就是食材里的盐，做菜少不了盐。自古以来，盐都是管控产品。盐不仅保证菜的味道，也是人们必需的矿物元素，没有盐，人会死。

电视剧中，也少不了盐味的剧情。伤口上撒盐，让人揪心，设计了这样的剧情，就能博取人的同情心，获得人的同理心。

广告语上的咸，就是深挖内心世界，让人刻骨铭心。所有印象深刻的广告语，都不是挠痒痒的话，而是像刀子一样扎心的话。

比如，法兰琳卡曾经推出一条广告语：我们恨化学。这句话表达了护肤品应该要天然材料，不要添加化工的情绪。它给化工制作的化妆品，来了一种扎心的感觉。你记得前几年，很多化妆品把人脸毁了吗？那就是化学成分弄的。

再看几条扎心的广告语。

"遗臭万年，流传百世。"王致和臭豆腐的广告语。

"多一些润滑，少一些摩擦。"统一润滑油广告语。

"真正喜欢你的人，24小时都有空；想送你的人，东南西北都顺路。"这话听起来不像广告语，却很扎心，这其实是滴滴的广告语。

以上就是通过人的五味寻找广告语，前面也通过人的左右脑寻找定位。毕竟我们的定位和广告，都是给人看的。但是，左右脑、五味都是我们学习的工具，有了这些工具，可以更快做出结果。用完就放下，不要当成学术，沉迷在学术研究上。

我们要的是左右脑找定位，人生五味做口号。只要是五味明显的口号，都能产生记忆。如果没有明显的五味，就是不咸不淡的状态，人们感受不到口号的魅力。

比如，你看集团企业的口号，经常用四个字。农业银行的口号：大行德广，伴你成长。中国移动的口号：正德厚生，臻于至善。

民营企业在会议室讨论广告语，不要按集团口号来定，我们要的就是与他们不一样，不一样才可以被人们知道。编写的时候有两种方法：一种方法是，每人写几条，并按"五味"的方式来归类，然后在每个类别中，找到最好的一条。另一种方法是，先分好类，人们就按五味的方式来创作。比如有人专注于扎心的话，有人专注于甜蜜蜜的话等，每个人写自己所擅长的语句，最后汇总也能找到合适的内容。

当然，要是你能和自己的经销商、大客户、广告商在一起碰撞，广告语就会更加精准。这样，你投放的广告就会减少浪费。

五、过目难忘的视觉印象

定位的落地，除了取品牌名，定广告语，还需要制作视觉形象。这些视觉形象，被称为VI系统。但是，很多大公司的

VI，完全错了，错在哪里了？它们的设计非常专业，也非常丰富，有上百个图样，有旗子上的形象、杯子上的形象、衣服上的形象、信封上的形象。但这些形象，完全看不出定位的内容。

很多小公司的VI，同样有问题。小公司的设计，是创业者一个人来裁决，他会认为：把LOGO放大，再放大；把名字也放大，再放大。但是LOGO和名字不断放大，就会显得很土。变土了，人们就不想看了，变成"地摊货"了。

大公司有实力，会强调专业，不会在视觉上做什么冲击力；小公司没实力，完全是推销思维，为了推销，弄得土里土气。应该怎么办？应该把两个极端的优势，大公司专业的态度和小公司制作的方向，结合在一起。让整个形象专业，还有卖货的思路，这才叫真正的视觉冲击。有这样的视觉，同样可以把定位植入人们的心智。

具体来说，如何产生视觉冲击？文字、颜色、符号，产品包装，产品工学，创始人，代言人、动物、植物、事物，还有天气现象，全部可以产生视觉冲击。这是一个非常大的冲击系统，下面一一来盘点。

1. 文字

文字是最早的视觉冲击符号。

比如，三国时期，两军对垒，会把大旗竖在前方，你是蜀，我是魏，他是吴，写得清清楚楚。很多将帅还有自己的专属旗子，像关羽、张飞、赵云都有自己的名号。正式开打，黄土沙尘，浓烟滚滚，最后到底谁赢了？就看谁的旗子还立着，这就是文字符号。

今天有哪个品牌用文字做视觉呢？

王老吉。瓶子上三个大字，竖着写出来，很有冲击力。当然，它红色的罐子，是另一个视觉冲击点。

2. 颜色

一般来说，一个独特的颜色，会产生强大的视觉冲击；两种颜色，冲击力就弱一点；三种颜色，勉强有点冲击力；三种以上的颜色，基本没有冲击力了。

比如，星巴克的商标是绿色的，非常醒目。但是店内的装修基本没有绿色，而是灰色调。因为绿色太刺眼，不适合做装修。

IBM的商标是蓝色的，这个蓝深入人心，所以IBM公司也被称为蓝色巨人。IBM的员工被称为蓝血人。工作十年的员工，血管里流着蓝色的血液。

微信也是绿色风格，非常简洁。

麦当劳以红和黄为主颜色，也让你远远看到非常醒目。肯德基也是这样。

3. 符号

符号也是真正的视觉冲击要素。

像中国移动、中国电信、中国联通，都有一个特别的符号，加上文字组合而成。抖音的标志，就是一个音乐符号。苹果咬一口，就变成了世界第一的苹果品牌。耐克的标志是"对勾"，非常经典。麦当劳大写的M，也是一个拱门的符号，非常有视觉冲击。能让一岁以下的小孩认识的标志，差不多只有麦当劳，对此国外有人做过调查。

还有满大街的银行，有特别的符号，外圆内方的铜钱符号，让人一眼就能认出来。

这就是符号的力量，但是符号的设计，对设计师要求特别高，而且对初创企业很难见效。你刚成立一家公司，用一个对勾做符号，或者用一个大写M做符号，没有太多效果，因为太过于简洁了，基本没有可以参考的元素，人们看不出什么内容。当企业有了名气，再用符号来推广，就有视觉冲击力了。

4. 产品包装

有的产品就是因为包装特别，产生视觉冲击。

比如，可口可乐的瓶子，传承一百多年了，不用任何要素，你都能一眼认出来。还有一种，给汽车加润滑油的，好像各个品牌都用一个模子做的，都是一样，因为有这样的包装，人们一眼就能认出来。直接就进入心智了，这就是包装产生的视觉冲击。

5. 产品工学

产品工学，是产品的特别打开方式。

最典型的案例，就是洗发水和洗洁精，都是居家使用的，根据人们使用情况来设计。如果你把洗发水的瓶子设计得像洗洁精的瓶子，就卖不出去了。

这个工学方式，已经深入人心了。

下面，做一个简单的总结。文字一般会做成符号来传播，而且只有变成符号，才可以注册成商标。颜色方面，不要用特别怪异的，很多颜色我们在电脑里可以看到，现实中是调配不出这样的染料的。也就是说，你为产品设计了一个颜色，最后调不出。所以就用印刷色来做，这样你的店面、职工服、手册，全部不会偏色。产品包装和产品工学有一个共同的原则——稳稳地放着，你不能为了好看，为洗洁精设计一个尖尖的底，放都放不住，好看也没用。

此外，我们再从创始人、代言人、动物、植物、事物、天气现象的角度来看看做视觉冲击的方法。

6. 创始人

说起创始人，保证你快速想到两个人，一个大爷，一个大妈。大爷是谁啊？肯德基老爷爷，他是肯德基创始人，这些年品牌多次调整，大爷的形象始终保持不变。大妈呢？老干妈辣椒酱，多年来一直保持不变。

这两个品牌，都以创始人形象作为视觉传播工具，已经深入人心了。

用创始人形象做视觉，新生代的企业并不多。老品牌就多了，像膏药、药酒，大多都是用创始人做视觉形象。只要出现这种模式，人们一眼就能认出来，这已经形成了一种共识了。其他行业很少这样做，他们宁愿寻找代言人来做视觉形象。

7. 代言人

用明星做品牌代言人，一般是阶段性的，因为这些大明星的代言费特别高，虽然他们有影响力，有话题，但是丑闻也多，出了问题，品牌形象也会跟着受到影响。总之，用明星做代言人，好处是打广告有效果，容易产生视觉冲击。

比如，在机场，你远远看到明星巩俐的广告，你会多看一眼，然后才发现了安吉尔净水器，还有它的定位和广告语，这样就产生了记忆关联，广告就有效果了。如果没有巩俐的形象，只放一个净水器，人们看一眼目光就移开了。

机场还有一个老头的广告，看一眼还以为是史蒂夫·乔布斯，仔细一看是个不认识的老头，叼着一个烟斗，旁边是慕斯床垫的品牌名。像这种代言人，完全不知名，但是相貌有特色，一眼能看出他从事什么行业。这都是成功的代言人。

8. 动物

动物做品牌形象也特别多，动物特征容易和产品产生关联。互联网行业非常喜欢用动物做视觉形象。

比如：腾讯用企鹅，天猫用一只猫，京东用一只狗，美团用一只袋鼠，有了这样的形象，更容易进入人们心智。

你知道腾讯、天猫、京东、美团，各有什么定位，各有什么口号吗？你不一定说得出来，但是你会通过卡通形象，想起它们的品牌。

汽车品牌也喜欢用动物做视觉形象。

比如，法拉利用马，道奇用羊，宝腾用老虎，兰博基尼用牛，捷豹用了豹子。这些汽车到底是什么定位？你不太清楚。心智是什么？你完全不知道，但品牌形象深入人心。

9. 植物

用植物做形象，原理和动物一样，用植物做品牌形象，和产品产生记忆关联。

比如：兰蔻用玫瑰做品牌形象，手机里荔枝APP、番茄APP，都是植物形象。

植物的形象，一般会用在农产品、餐饮、服装、家具行业。汽车用了植物就不适合，不够霸气。

10. 天气

用天气也可以做视觉冲击。风雨雷电，尤其闪电这个符号经常见到。闪电代表什么？快速。只要产品诉求与快速有关，人们就可能选择一道闪电。比如迅雷软件用闪电作为品牌形象，寓意下载速度如闪电一样快。

11. 事物

还有用事物做品牌形象，不是文字、拼音变形，不是动物和植物，就是一些物品，也可以做品牌形象。

比如：海底捞用一个红辣椒作为品牌符号；老娘舅用一个大碗作为品牌符号；雀巢咖啡用一只鸟和一个鸟巢做品牌符号。

用动物、植物、事物来做视觉，优点是没有版权，容易识别，免费使用。缺点是新品牌、弱公司使用这些元素，没有情感桥梁，不容易产生记忆关联。

比如，麦当劳的大写M，没有麦当劳百年的传播，这个符号和餐饮也关联不上。再比如，你是做地板的，用了大象做视觉形象。你们品牌传播能力弱，地板和大象就产生不了记忆关联。如果品牌传播能力强，团队执行能力强，大象和地板之间关联，就可以传播出去。就像圣象地板，一头大象踩在地板上，地板不变形，这个视觉形象就深入人心了。

还有王老吉，我反复讲这个案例，因为它具有代表性，而且它成功了，但是它还一直在作妖。你看王老吉的红罐形象，已经深入人心了吧，它却把红罐放弃了，改成了所谓高档的金罐。王老吉用上金罐，马上就和红牛形成心智竞争对手了，后来又改回到红罐。现在王老吉还在继续作妖，推出几个口味，什么罗汉果口味、0糖口味，还用上黑罐子，它在努力稀释人们的心智印象。

你知道为什么会这样吗？当一个品牌变得财大气粗，就会高高在上，远离客户。消费者想什么，已经不是企业高层关心的事了。这些高层有钱了，就会想着更有钱，不断做新产品，开发新品类。没有品牌意识，不再关注用户心智，就搞出像茅台啤酒、霸王凉茶、可口咖啡、格力手机、高露洁冷冻食品等。

总之，我们要明白，所有的定位都与心有关，与脑有关。我们要做定位，就要研究人的心，就是心智；要研究人的脑，就是研究思考模式。

人的左脑用来看文字，是理性思维；右脑用来看形象，是感性思维。有人左脑发达，喜欢看文字；有人右脑发达，喜欢看图形。左脑右脑，并不会打架，而是会互补。所以做定位要做出一套完善的系统，把所有的定位元素全部都做了，文字要有，口号要有，主色调要有，符号要有，代言人要有，代言物也要有。最后经过漫长的岁月，大量的广告、口碑的传播，会剩下一两个特别深入人心的元素，这就是核心元素，也就是定位的元素。我们做出来，不一定全部使用。但是不做出来，就不知道哪个是核心，哪个产生记忆，哪个产生心智模式？

可以把所有定位元素，全部放在一起，再一个一个拿掉，看拿掉哪一个，对品牌没有影响；看拿掉哪一个，就完全不认识这个产品了。这样就能找到主打的元素，这个元素就是要特别保护，长年坚守的元素。没有这样的操作，你的品牌故事就会错乱，品牌资产就会受损。

六、好故事传遍神州

作为企业代表，不管你出席什么活动，主办的还是协办的，招商的还是赞助的，你现场发言讲什么呢？讲理念还是使命？讲文化还是故事？

当然是讲故事，你的公司理念，别人关心，听完记不住。但是你讲故事，大家都记得住。活动结束没人传播你的理念，但你的故事被传开了。

如何讲好品牌故事呢？我来分享三个方法，都是放到全世界通用的方法。

1. 从发展中提炼故事

公司由小到大，由弱到强，从无人知到广为人知，肯定有很多故事。人们就喜欢听这类故事，越是传奇，越喜欢听。和看电影一样，情节越曲折，主角越厉害，票房越高。情节如果平淡如水，就显示不出主角的厉害。

讲故事，不是记日记，不是讲哪年发生了什么事，而是把转折点给讲出来，还有相关人们的心理活动。

比如，雷军讲小米的创业故事。他说："在北京中关村，和几个朋友在一起，喝了一锅小米粥，确定干一番大事，小米就这么出来了。"

故事很简单，事业不简单。再来看一个故事。

当年，茅理翔创办了一个家电公司，名叫飞翔电器，就是根据自己的名字改出来的。后来他的儿子茅忠群留学归来，儿子是有品牌意识的，建议把公司改名为方太。

茅忠群说："家电和飞翔没什么关联，方太——太太的太，这是有关联的。"最后儿子说服老子，改名为方太。名字一改，定位随之而改，变成了高端家电领导者。你要知道，取个好名字，成功一大半。

还有一家家电企业，叫红星五金厂，专门代工油烟机。后来，它生产了一个自己品牌的油烟机。有了自己的品牌油烟机，负责人出门都被人称为"老板"。在20世纪80年代，老板这个称呼特别时髦，他就准备把红星改为老板。

1988年，红星五金厂正式改名为"老板电器"。这个名不算好，太太是进厨房的，老板是不进厨房的。所以，老板品牌，基本被方太压着打。

后来老板电器重新做了定位。聚焦一个产品——抽油烟机。定位大吸力，有了这个定位，老板抽油烟机销量做到第一，还带动了整个老板品牌，成为厨具行业第一名。有了这个定位，老板可以和方太正面抗争。后来，方太成为高端厨电领导者，老板成为厨房电器领导品牌。这两家的定位听起来没什么区别，品牌故事完全不同。

2. 在平凡中提炼不平凡

很多创业者讲不出故事来。跟他闲聊，他能讲出一大堆事。要是对他正式访谈，他突然没话了。其实所有活下来的公司，都不是一帆风顺的，都有大堆故事。不要不好意思讲，可以讲给别人，提炼成一个个故事。故事当然不是编的，但故事也不是完全没有编的成分。

虽然定位很难进入用户心智，但是故事非常容易进入心智。

比如，阿联酋航空，定位是什么，是什么字眼？高端吗，服务到位吗，飞行准时吗？根本没有。但是说起阿联酋航空，就是一堆故事。这些故事已经占据了用户的心智，而且无法取代。

可口可乐是什么定位？有人说，可乐的定位是喝得爽。真的吗？一般人喝可乐十年，也不知道什么定位。但说起可乐的故事，其中有两个流传特别广。一个是关于秘方的故事。秘方锁在一个特别保密的保险库，这个地方用炸药都炸不开。要开启这个保险库，需要三位股东同时在场，才能打开。这三位股东不允许坐同一班飞机，不允许同时出席一些活动，就是为了秘方的安全，毕竟这个秘方保护了100多年。这个故事是不是真的呢？不重要，听着爽就行了。

可口可乐还有另一个故事，包装圣诞老人。100年前，圣诞老人的衣服并不是红色的，后来可口可乐赞助了钱，把圣诞老人的衣服变成红色加白色，也就是可乐包装的颜色。这个故事让整个圣诞节和可乐挂上钩，产生心智的关联。

如果不是这样的故事，根本传不下来。因为故事，才传了一年又一年。很多平凡的人，就是因为故事才传到我们这里。

3. 写公司传记

传播企业文化的渠道有多种：用展厅展示历年产品；用文化墙展示公司历史；用影片记录公司的精彩。如果说把不平凡的事情提炼出来，这是故事片，那么用传记把不平凡的事记录下来，这是纪录片。人们通常喜欢看故事片中的情节，但是相信纪录片中的内容。

写公司传记，也是前两个方法的落地。故事讲来讲去，最后要落实到可见的方式。做产品的，必须有一个展厅，把历年成功的、失败的、限量的、订制的、签名的产品，统统展示出来。客户来了，就给他看这些，一边看，一边讲解，产品展示一大排，会非常震撼。公司没有实物，就用照片展示出来，贴在墙上。2015年以前，一般都是用照片。2015年以后，人们有了视频记录的习惯，会放一个大电视机，播放公司的纪录片。

我们要养成随时记录的习惯，只要公司还坚强地活着，故事就在继续。人们会因为你的产品产生信任感，会因为你的品牌故事产生信念感。

七、好定位好上市，三个板上市参照

香飘飘奶茶，前三次冲刺IPO都失败了，第四次终于成功。上市成功，因为定位对了。上市不成功，因为定位不对。

香飘飘成立于2005年，2017年在上交所上市。香飘飘定位"杯装奶茶开创者"，并且是从销量做定位，它的那句口号大家都熟悉："一年卖出三亿多杯，杯子连起来可绕地球一圈。"这是传播率很高的一句广告语，之后又变成："卖出了七亿多杯，可绕地球两圈。"但是在2009年冲击上市，没有成功。当时的市场比较新，消费者还在培育阶段。

2011年，香飘飘销量已经能绕地球三圈，申请主板IPO，进入上市环保审查阶段，2013通过了上市环保核查。据说是市场不好，停止了上市。2014年再一次重启IPO，股市震荡，又停了。2017年，第四次冲刺IPO，终于上市了。

香飘飘作为杯装奶茶开创者，为什么上市这么困难？可谓成也定位，败也定位。定位杯装奶茶开创者，快速进入人们心智。但是杯装奶茶品种单一，不具备创新特点，也不是高频刚需产品。所以要改变战略，更新定位。

有些女生觉得不服气，说："臧老师，我每天下午一杯奶茶，不喝就没精神，你怎么说奶茶不是高频刚需呢？"不用我说你，你身边但凡有一个好心的同事，她会告诉你，天天喝奶茶，后果会怎么样？奶茶喝多了，一定影响我们的身体健康。

香飘飘一直在不断研发新品。2017年推出液体奶茶；2018年推出果汁茶；2019年推出珍珠双拼奶茶。产品越来越多，业绩反而下滑了，因为市场变了，竞争太大了。

2009年说起奶茶，是件新鲜事；2019年说起奶茶，开店三千米排队，有网红助阵，已经不新鲜了，各种奶茶都开始排队上市了，奈雪、喜茶、蜜雪冰城，它们都在玩这个套路。动不动就排队，真的这么火吗？真的一杯难求吗？只能说见仁见智吧！

我们做定位，要引领市场，也要跟随市场。定位初期，要帮助产品突破市场；定位中期，要帮助企业提高竞争力；中后期，要走进资本心智，进入投资人的心智。

香飘飘不管推出多少种奶茶，这是提高产能，不是提高竞争力的事。如果它能做一款智能产品，定位天然果汁机，让人可以在家里做果汁，这可能是一条出路。

西门子、苏泊尔都已经在制作自动、半自动的家庭设备了，这是一条出路。

但是排队在店面买奶茶，竞争会越来越大。尤其是蜜雪冰城出来，一杯四五元，简直是"价格屠夫"，民间称它为奶茶中的拼多多。有它在，你怎么竞争？蜜雪冰城出现之前，奶茶是什么价，22元一杯起，是一个暴利产品，现在呢？价格已经被打下来了。同样，全国有数不清的连锁咖啡，不也没有动了星巴克的市场吗？直到瑞幸咖啡这个"价格屠夫"出现，才撼动了星巴克。

市场起步从零到一，再从一到二，二生三，三生万物，这一路走来，定位要不断变化。1.0版的是卖点定位，为了卖好产品；2.0版的是模式定位，为了站在产业链顶端，提高竞争力；3.0版的是资本定位，为了提高市值，提高估值，可以冲击上市。这是社会发展趋势，也是企业发展趋势，还是人才流动的趋势，你变也得变，不变也得变。就拿人才流动来说，公司没发展，人才就流走了，最后流到可以上市的公司了。定位也决定上市，在哪里上市，决定发展的天花板。

目前，全国有多个上市的地方，你定位在哪里上市，决定着你的市值和发展。科创板、创业板、北交所、港交所等，各有优势，各有偏重，但是不是你想到哪里上市，哪里就会接受你的申请。

先来看科创板。这听起来就跟科技有关，它支持有核心技术、先进技术、科技创新的企业，也扶持符合国家创新战略，科技转化突出的企业。比如新材料、节能环保、高端装备、生物医药、信息技术等，会限制金融科技、模式创新的企业，完全禁止地产、金融、投资类企业。

像香飘飘奶茶，不管定位什么模式，不管定位什么开店方式，不管一年销量能绕地球多少圈，都不能上科创板。因为咖啡和奶茶，跟科技创新挂不上关系。

再看创业板，一听就是跟创业、创造、创意有关。创业板支持成长型、创新型、创业型的企业，支持传统产业与新技术、新产业、新业态、新模式深度融合。总结起来就是"三创四新"，三创是"创新、创造、创意"，四新是"新技术、新产业、新业态、新模式"。不管是咖啡还是奶茶，是加盟还是连锁，创新力度还是不够，更没有特别明显的新业态。

接下来是北交所，主要面向中小企业，聚焦实体经济，重点支持先进制造业和现代服务业。提倡四个化，专业化、精细化、特色化、新颖化。金融业、房地产业企业，不允许在北交所挂牌上市。你能想到金融和地产，已经没落到什么程度了吧，已经无板可上。

还有左手抓资源，右手抓用户的模式，全部不能上市。但是有一个现象，做模式的人上不了市，他们在上课。你知道抖音上什么课最多？流量类的课程最多。在抖音上投放广告最多的是什么课？商业模式。这类课教人怎么变现，教人怎么做连锁，讲得热闹，听得带劲，统统无法上市。

根基不是实业，过程没有科技创新，战略没有定位，最终都是一场游戏一场梦。我们要相信定位的力量，更新定位的思维，梦想定会实现。

八、定位复盘：一生受用的底层思维

可以说，整个定位知识体系我已经讲完了，你们是不是已经找到定位的大门了呢？如果你们内部开会议，是不是可以落地定位了呢？其实，你们公司有三个人懂得定位，就可以落地，套用一些定位的知识，一边讨论，一边实战，一边复盘，不出三年，你们的水平就能超过专业的定位顾问。但是，有以下三点值得注意。

第一，你只有自己学会定位，才能和外脑（企业外部智囊人物或智囊机构）结合，才能与外脑配合，才能离得开外脑。如果你完全不懂定位，请了定位机构的专业人士，他们不懂你的行业，你又不懂定位，收费是高是低，配合是好是坏，你也无从评判。

第二，在我的定位知识体系中，我不可能把所有行业的案例讲到。但是通过学习这些案例，你已经有一个比较清晰的定位思路，有一个大体的心智模式了。

第三，学会定位，会爱上定位，一生受用。学习其他内容，不一定可以用一生，也不一定真心喜欢。学习生产的人，私下不想谈；学习人力资源的，别人不想听；学习研发技术，私下不方便谈；唯独学习广告和定位，随时都能谈，一生都有用。

比如，你家里要买一台电视机，这件事不需要专门开家庭会议，在吃饭的时候，听听大家的想法就行。

孩子说："我想看动画片。"其实每台电视机都能看动画片。爷爷说："我想看不晃眼的电视。"最新款的低蓝光电视机，对眼睛就很好。奶奶说："我要遥控器好用的，现在的遥控器按钮太多，不好用。"妈妈说："我不看，天天上下班，有时间就玩手机。"

你听完家人的意见，就完全明白了，这是心智方面的描述，知道如何选择电视机了。但是没学定位，你喜欢听什么？多少英寸的，什么品牌的，什么参数的，什么价位的，都是跟心智无关的。

工作上也一样，只要不懂得心智，根本服务不了贵宾。你真以为贵宾要的服务是见面微笑，点头哈腰，热情周到，准确叫出对方的名字吗？这是上个时代的学问。当下贵宾要的是沉浸式服务，不被打扰，招手即来，挥手即去，巴不得对方不认识自己，每次来都像新人一样。带了朋友，更不希望对方认出来，不然朋友会认为你经常来这些休闲娱乐场所，让人误以为你不务正业了。

当你学会定位，再看电视节目，会挑着广告来看，边看边分析，哪些广告可以进入用户心智，哪些广告语深入人心，哪些广告不用画面都能听出感觉？当别人厌烦广告的时候，你已经进步了。当你学会定位，上街等红绿灯，你会不知不觉地分析车辆的定位。你会发现一个神奇的现象，现在有太多新车了，数都数不清。各个车企都在推出自己的新能源汽车，而且用的是子品牌或孙品牌。

比如，长城汽车，这是母品牌，旗下的哈弗SUV是子品牌，子品牌还有系列，哈弗H6、H7、H8、H9，而且每个系列还有一代、二代、三代，每一代都有不同的设计风格，你要能认识就怪了。

哈弗是一个定位成功的案例，抢占了用户心智，开始不断扩展用户的心智，达到用户全面化，车型覆盖化，利益最大化。

关于长城汽车的定位，我重复了很多次，这也是定位理论的经典案例。

2022年10月26日，长城汽车副董事长兼总经理王凤英女士辞去长城汽车的职务，正式成为里斯定位的合伙人，成立汽车专家团，服务汽车领域，帮助汽车行业从战略设计到战略落地，打造汽车品类。

为什么我会讲这件事？因为我这20多年，和王凤英的经历有些相似。我曾在世界500强企业做过营销，对接过咨询服务。后来我出来讲课，讲"狼性营销"，这是一个庞大的营销体系，课程中我也会讲到定位与差异化。后来我也做咨询，服务我的私董会学员，帮助他们从战略到执行，寻找战略方向，制作合伙人机制，落地产品定位和品类定位。

现在你看王凤英这件事，最初她作为甲方领导，对接里斯咨询。然后她在长城汽车，牵头落实定位。现在由公司管理者转型为定位合伙人，开始服务汽车行业的品类与定位。整个经历，她本人学到了定位的精髓，感受到定位的魅力，也给人生做了定位。

现在的新能源汽车行业，可以说是当下最大的风口，当下最大的趋势。各大车企都展开了"堆料"竞赛：看谁的芯片更先进？看谁的雷达更多？看谁的车灯更亮？看谁的座椅更舒服？个个有特色，其实都没什么特色。整个新能源赛道，只有两个品类：一类是特斯拉，另一类是其他智能汽车。希望王凤英的团队，能让车企的品类清晰一些，让用户买车，不要太纠结。

现在的新能源汽车市场，就像史蒂夫·乔布斯回归苹果公司之前的状态。产品线杂乱无章，毫无竞争力。

史蒂夫·乔布斯回归的第一件事，是把苹果所有的产品写出来，然后一条一条划掉，只留了一款产品，就是那款经典的笔记本电脑。后来在发布会上，史蒂夫·乔布斯从一个牛皮纸信封里，拿出这样一款银色笔记本，这个质量，这个厚度，这个颜值，真正改变了世界，改变了人们心智。后来推出iPhone 4手机，再一次改变世界。

史蒂夫·乔布斯才是定位的天花板，是品类的顶尖缔造者。在他之后多年，没有一个人的水平能接近他，没有一款产品能接近当初的苹果产品。史蒂夫·乔布斯的品类，10年前就到达信仰的级别，我们的车企，顶多在功能的级别。所以定位定天下，不是说定位能定一切，而是说定位可以定心。心是一切，一切都是心。定心，则定天下。

这是定位操作的最后一节，我也和大家说了一些感慨的话。我们整个知识体系，先讲定位与我们的关系，然后开始讲定位的操作，再讲定位的辅助操作，后面是讲定位的案例，尤其是王老吉的案例，我会反复给大家讲清楚。这样设计专栏逻辑，为了让你们好学好用，让你们吸收定位的立体思维，让你们爱上定位，一生受用。

九、商战22条定律

定位就是抓住核心，聚集在心法方面，不要专注在术的方面。术，永远学不完；术，时刻都在更新。道，就是本质，保持不变。定位的本质就是用户心智；商战的本质就是用户心智的战争。

比如，即使你在买一支牙膏，脑中也会进行一场战争。是选美白的还是防龋的，是选清新口气的还是抗菌消炎的？在选择的过程中，你的脑细胞极度活跃，这真是一场脑细胞大战。

学习定位理论体系，其核心的就是以下22条商战定律。

1. 领先定律

对于牙膏企业，要卖哪个特点呢？只能卖一个特点，就是最具特色的那个点，这就是领先定律。找到第一，让用户看到，你就是这个细节领域的第一。一个点的第一，就能获得一个品类的第一；一个品类的第一，能让产品变成市场第一。

2. 品类定律

通过一个点，进入某一个品类，在品类中成为第一，这就是品类定律。怎么成为第一呢？需要有一个词，精准地描述这个特点，并且用一句话（就是口号）让用户难忘。这句口号，就是定位的延伸，是为了像声音一样传播出来。

比如，王老吉的定位是预防上火，口号是"怕上火，喝王老吉"。定位是说给甲方的，口号是说给消费者的。

3. 心智定律

口号非常重要，要念出来让人产生记忆点，它可以押韵、可以重复、可以通俗，但是千万不能高雅，千万不要用成语。

如果你的口号用一个成语来表示，尤其是四个字的成语，那么人们听完，只会记得这是一句成语，而不会记得你的产品。但是，我们可以借助成语的方式，关联到产品上。

例如，丰田车的口号"车到山前必有路，有路必有丰田车"，这就是一个巧妙的关联。

除了成语，还可以用谚语来关联，也容易进入人们的心智。因为不管是成语还是谚语，都是老百姓熟悉的，一听就懂，不用解释。这就是心智定律。

做产品定位，并不是产品竞争，而是心智竞争。争夺用户的心智，本就是一场脑细胞大战，要么说第一，要么说唯一，要么先说。

虽然有些产品的特点都一样，比如啤酒，所有工厂的酿造技术都差不多，但有的啤酒提前说"我是精酿啤酒"，人们就有了认知。其实每个啤酒公司，都有精酿啤酒。

4. 认知定律

人们认知存在客观性。看到什么，就会认为是什么；听到什么，就会认为是什么。是不是事实已经不重要，重要的是，大家就这么认为。

比如，国内很多大学大同小异，都是四年制，究竟哪所大学好呢？由认知决定。第一志愿就是认知最好的大学，第二志愿就是认知第二的。认为好的，放在第一位，当然前提是高考的分数要够。

5. 聚焦定律

只有聚集在一个点上，聚集在一个品类上，才能获得定位。学会聚焦，主导品类，这是进入心智的重要法则。聚焦法则通常会和领先法则放在一起使用。没有聚集就没有品类，没有品类就没有领先，没有领先就没有第一，没有第一就无法赢得市场。

6. 专有定律

当你的竞争对手已经抢了一个心智，已经成功地找到定位，这个定位反过来变成他的专属，那么你如果还想走这条路径，将是徒劳无功的。该怎么办呢？办法有很多，依据后面几条定律，可以继续做定位。

比如，沃尔沃拥有"安全"这个代名词。包括梅赛德斯–奔驰和通用汽车在内的很多其他汽车公司，也曾试着开展以安全为主题的市场营销活动，但是，除了沃尔沃之外，没有一家公司能够让"安全"这个概念进入潜在顾客心智中。

人们心智中的认知一旦形成，你就不可能去改变它。

7. 阶梯定律

我们都做羊绒衫，都是草原上精选的羊毛，但可以形成阶梯。你做高档羊绒衫，我做中档羊绒衫。你一件卖3000元，我一件卖2000元。在市场营销上，我就黏着你不放。你打广告，也会为我打开销路。这就是阶梯定律，听起来是不是很管用。除了区分阶梯，还可以做对立策略。

8. 对立定律

对立定律就是跟你对着干，你往东，我往西，你做白天，我做夜市。你做早点，我做夜宵。朝着你相反方向走，也可以找到精准定位。

以上这八条定律，都是基于品类的定律，都是通过不同角度来找到领先的点。

9. 分化定律

当每一个品类确定以后，经过一段时间，品类又开始分化成几个小品类。细分、细分再细分，越分越细致，这就是分化定律。

比如，在洗发水市场上，我们经常说去屑找海飞丝、柔顺找飘柔，这是一个独有的定位，独有的品类。

当你打算去超市买海飞丝，你到了超市就会发现，海飞丝整整摆了两大排，足足有30款，为什么这么夸张？明明已经精准定位，产品为什么还有这么多？

因为品类之下，还在继续分化。有大瓶的、小瓶的，有家庭装、礼盒装。海飞丝也有护发素，洗发和护发也会绑定在一起，按套餐销售。同时还有新款，每年出一个新款。你看来看去，发现功能上还有区别，有的是蓬松去屑，有的是控油去屑，有的是柔顺去屑。你会发现，以前所认知的品类，在这里完全失效，海飞丝虽然与飘柔做了区隔，其实它们还在互相吞噬对方的市场。海飞丝在去屑的基础上，也有柔顺功能。

这就是品类的分化，其实商战就是这么激烈，商战只有立场，不分父子，不分兄弟。飘柔事业部、海飞丝事业部，各有各的市场预算，各有各的考核标准，人群总量是固定的，我不抢你的市场，今年奖金都没有了。

所以，商战不只发生在行业，也会发生在同一家公司里。你们公司是行业第一，品类第一，但你们有五个营销部，部门之间就不争夺客户了吗？同一家公司里的商战，往往更加惨烈。

10. 二元定律

一说到二元，人们总会想到二元对立，还会想到"二虎相争，必有一伤"。其实在商业战场上，只要有两家老虎级别的公司在竞争，它们不仅不会受伤，还可能将市场做得更大，最后伤了谁呢？伤的是行业内其他公司，甚至是行业老大和老二打架，会把老三打得无影无踪。比如丰田和本田、麦当劳和肯德基、奔驰和宝马、波音和空客，两家公司深入人心，人们暂时都想不起第三家。

11. 长效定律

短期促销可以增加公司的销售额，但从长期来看，促销会减少公司的销售额，所以促销时，要从长期来看。比如，人们喜欢在双十一购物，因为这一天促销力度很大。包括其他几个购物节，京东618、抖音921等，促销力度都很大。从长期来看，促销太多，厂家一时卖得好，但利润并不多。

12. 延伸定律

产品越多，市场的战线越长，赚的钱反而越少。应该怎么办呢？收缩产品线，少就是多，多就是少，少才可以占领用户心智。

比如，海飞丝虽然定位好，还切出了品类，但你去超市就会发现，产品战线铺得太多，直接让人无法选择。可能你最后选了无硅油的，只有一个款。

13. 牺牲定律

你要钓大鱼，就要牺牲一些小鱼；你要赚大钱，就要舍一些钱；要获得更大的胜率，就需要牺牲一些战场，放弃一些市场。牺牲定律，和延伸定律相反，这两个定律要放在一起来使用。

14. 特性定律

想竞争，就要找到一个独特的点，并以此点为中心展开推广。在聚集之前，就是找特性。找到几个特性，选择一个可以领先的特点，这就是特性定律。实在找不到特性，低价也算一个。如果还是找不到特性，去听听买家的抱怨。他们抱怨的内容，可能就是你要的特性。

15. 坦诚定律

用弱点来做定位，化弱势为优势。我的不足之处，也正是我优秀的地方。

比如，河南胖东来超市，经常坦诚自己的不足，准备的物资不齐全，停车位太少，退货的速度不够快。它越是坦诚，老百姓就越是喜欢，所以胖东来超市人流天天爆满。

16. 唯一定律

找定位，要么找第一，要么找唯一。唯一也是特性。找到唯一，就能精准定位。如果找不到唯一，就先开创一个品类，在品类中找到第一或唯一。

17. 莫测定律

在商战过程中，出招必须攻其不备，出其不意，叫莫测定律。商业竞争，就是虚虚实实，我们要在变化中寻求变化，在变化中引领变化，同时还不被别人的变化给带偏了，这是莫测定律的精髓。

18. 成功定律

成功的时候，人们往往会贸然出新产品，会盲目地延伸产品线，不断做加法。记得20多年前，有一些药品公司，突然进军包装领域。因为一片药，成本2分钱，但是铝片材质的包装，要2角，利润比药还要高。这个利润，与其让包装公司赚，不如自己把包装也做了。结果是什么？战略失误，品控不到位，包装没做好，药品也受到影响，最后被市场无情地淘汰了。

19. 失败定律

在漫长的竞争路上，你的失败可能因为你骑了一匹不能获胜的马,你只需要更换一匹马,就可以获得成功。

你会发现,成功定律并不是讲如何成功,失败定律也不是讲为什么失败。这两个定律放在一起可以看出,成功时不要盲目拓展商业,失败时记得更换坐骑。成功时不要头脑发热,失败时要保持冷静。

20. 炒作定律

过去是报纸时代的炒作,今天的炒作,已经是自媒体热点了。只要炒起一个热点,就可以省去一大笔广告费;只要借助一个热点,就可以获得无限流量。

比如,演员于和伟突然爆红了。他演戏20年,一直不温不火,也不算一线明星。后来有人把他演刘备的内容剪辑出来,然后配上"接着奏乐,接着舞"那一句。简简单单一句话,直接变成现象级热点,于和伟直接跻身一线演员。各种主角演不完,各种综艺上不停,这是新时代的炒作定律。

21. 趋势定律

找到趋势,可以事半功倍;找到趋势,可以成为时代英雄。商战本就是借势的过程,要顺应时代,不要逆着时代前行。思维可以逆向,行为不要逆向。趋势定律非常重要,它和领先定律、聚集定律、品类定律、分化定律一起，构成了最核心的五个定律。

22. 资源定律

营销就是一场资源争夺的战争，现在的资源包括市场资源、渠道资源、用户资源等。未来10年最大的资源，是用户心智中那一片空白。谁能找到那一片空白，谁就能引领时代，成为时代的英雄。

定位
案例

▼ 产业企业如何做定位 ▲

行业定位法有两种，一是痛点定位法，就是看行业中有哪些痛点，先找到痛点，再做定位；二是给服务找定位。很多公司的产品就是服务，比如国内航空公司，对VIP都有一些特别的服务，并且每个月有服务考核，每年有服务评比。服务就是产品，要做出竞争力，必须找到差异化，找出独特的定位，不然赢不了。下面，我们看一些行业的定位。

一、吃穿行业如何做定位

餐饮行业痛点是什么？成本特别高，包括租金成本、人工成本、原材料成本等，而且这些成本还降不下来；对于食材来说，还存在损耗的问题，如有的人择菜很浪费，有的人好一点；员工晋升空间小，厨师当十年还是厨师；对外宣传也有痛点，店面管理也是痛点。

以上这些都是普遍痛点，还有客流量的痛点。客流越来越少，老客户回头率越来越低，怎么办呢？找定位来解决回头率的问题，必须给老客户大的回报，不然餐厅很难经营。所以这个经营问题，就变成了老客户回馈的问题，让客户产生宾至如归的感觉。

比如，餐饮中做得好的西贝，定位"重新回到莜面"，店名重新回到"西贝莜面村"，上一个名字是"西贝西北菜"。传播符号变成："I love 莜，莜面的莜。"口号是："为健康加莜，莜面的莜。"定位一般是保持不变，口号经常在变。

每个店面都当作一个产品来定位，强调几个关键词：草原牛羊肉，旱地五谷杂粮，菜品不加香精和味精。用他们品牌部的说法，每个店面本身，就当成一个自媒体。把店面当成产品，招牌直接变成宣传工具，让人远远就能看到店面。其实麦当劳、肯德基、星巴克等，早就做到这一点了，一个店面就是一条街道的产品，店面招牌让你远远看到。

通过服务产品化，产品符号化，符号导视化，解决客户量的问题。客户量解决了，痛点就解决了。当然，你不要把人吸引过来，用各种套路去宰客。客人既然来了，就好好服务他们，他们还会回头的。我发现很多开店的人就是目光短浅，平日客人少，好容易来一个，就想办法宰一笔。一天宰三单，一天就保本了。其实这样下去，店面很快就关门了。

再来看服装行业，竞争力也是大得不得了，痛点多得数不清。从哪里切入找定位呢？在品质上分为高端、中端、低端，每个层次有不同的定位。服务在产业链上也要分开，是制衣厂、批发商，还是服装门店，不同地方的定位又不同。制衣厂就要拼效率，给了版型，看什么时间能出货。批发商要拼齐全，你的服装款型齐全，就能获得更多订单。门店拼的是服务，所有门店的问题，服装店都会遇上。凭什么来你家店买？就是看你的服务。要是你咬住价格不放，顾客上网一搜索，就从网上下单了。

高端衣服怎么找定位？拼限量，拼款型。中端服装拼什么？款型、价格，全部都拼。低端服装拼什么？拼价格。但是定位依然难找，今天的限量，明天变成街货了。

比如，我们公司有一个同事，穿了一件新衬衫，看起来特别时尚。他说这件衬衫是他表哥从国外订制的，是新款，还是全球限量款，买下来折合人民币3000元。他穿的时候还特别骄傲，有一天一个推销员上门，留了一份资料就离开了。这个推销员穿的衬衫，跟他的款式几乎一模一样。同事都看到了，也傻眼了。不是说国外款，不是说限量吗？

后来有同事就上购物网站找，发现上面有很多，149元一件，还包邮。你说衣服的痛点痛不痛？全球限量的款型，不出一个星期，已经烂大街了。

那么，服装行业还有没有出路，有没有突围的办法？只有一个突破口，做男装。只有男装可以标准化，可以大规模复制。所以，男士服装可以做大，女士服装做不大。包括男士皮鞋，同样可以做大，女士皮鞋做不大。

定位做到男装只是第一步，还要继续寻找，做哪个阶层的男装？高中低端怎么选？做高端依然没出路，目前高端人士不太认可国内男装品牌。所以定在了男士中端和低端的服装。这可以做大，可以轻松接下一个企业的大单。

吃穿这两个行业，是很大的行业，也最难做行业定位。很难找到突破口，也很难出成果。

二、农产品行业如何做定位

如何给农产品找定位？有人说，我们东北黑土地的大米，都是稀缺产品，都不够卖的，还做什么定位？而且我们用的是"一亩地"模式，一种更加先进的商业模式。即花钱包一亩地，一次包10年，每年产出的大米，直接寄到用户家里。现金流问题解决了，营销难题解决了，整个产业链所有人的收入全部解决了，我们还学习定位干什么呢？

同样，几乎所有优质的农产品，都可以用"一亩地"模式来经营。现在我们学习定位，与这两个方面的内容并不矛盾，也不冲突。做商业模式也需要用到定位理论，做定位落地也需要用到商业模式，我们在学习上要融会贯通。

例如，有人说东北五常大米名气那么大，不需要定位，其实这是大错特错的。五常大米是一个泛称，这里产的大米有限。在丰收的情况下，一年只有100万吨的产量。而我们全中国有14亿人口，一年要吃掉1亿7000万吨大米，100万吨放在全国人口中，还不够"塞牙缝"的。

五常大米一年最高产100万吨大米，你知道一年能卖多少大米？至少2000万吨。这意味着什么，95%以上的可

能都不是五常大米。同样原理，阳澄湖大闸蟹，可能99%
都不是阳澄湖产的。

你以为地理位置的红利，就这么好吃吗？市场上出现了不
少商家挂着五常大米的旗号，和阳澄湖大闸蟹的名义来欺骗消
费者，以次充好。这样下去，弄不好整个地理产品都会受损。
最后整个产品，都卖不上价格，所有与产品相关的人，都赚不
到钱。

所以，产品卖得好更要做定位，那就是良策，这是定位的
天时。难道你们要在卖不好的情况下做定位吗？你们有地理位
置可以借助，这是定位的地利。你们产品卖得好，自然也有时
间学习，有心情学习怎么定位，这是定位的人和。天时地利人
和齐全了，定位也可以顺利落地。但是很多公司，总是在公司
不行的时候，病急乱投医，到处找营销，到处做定位。改来改
去，公司倒闭了。

融资也是这样，你在最火的时候，赶紧融资。你越是不
缺钱，越能融到钱。如果你没钱了，谁还愿意投资给你？你没
钱，朋友都不想见你，投资人就更不想见你了。

做农产品的人不善于搞品牌，不喜欢定位，还特别瞧不上
定位。除此之外，还有什么难题？资金回收慢，至少要半年回
收。其实每个农民背后都有一个家庭，钱晚收回半年，一家人
过不好。孩子读书，有时候就差那么一万元，就被卡住了。

还有什么难题？推广力度不够，宣传没有全方位。

比如，玉米也分三六九等，但因为没有品牌，也没有全方位广告投放，很多城里人并不了解玉米。在2022年9月，直播带货发生了一起"玉米事件"，闹得还不小，人们才真正了解到玉米。东方甄选直播间卖玉米，6元一根。河南胖东来超市卖8元一根。这时就有网红出来，说玉米哪有这么贵？我们2.6元一斤随便收。

人们纷纷有上当的感觉，感觉被骗了。最后经过各方较真，人们了解到，2.6元一斤的是糙玉米，而卖6元一根的是糯玉米，可以蒸着吃，很多早点摊都有卖。糯玉米磨成糊，是五星酒店餐厅的标配饮品。就像我们吃饭，也经常点玉米糊吧？

出现这样的事，就是对玉米没有主动做定位，然后被中间商定位。东北黑土地的大米、玉米、小麦、燕麦，都是非常优质的产品，没有借助地理位置的红利，很难打响品牌。要打响品牌，就要做好定位。要做好定位，就要划分品类。农产品一般可以分为高、中、低三个档次，价格也是划分三个价位。农产品就要借助地理优势，做好品牌。你不做定位，不做品类，不做价格区隔，经销商就会替你做。

这个世界任何事，只要经过中间商的手，一定会把整个市场搅乱。所以，农产品要借助天时，做好定位。为什么82年的拉菲风靡全中国？因为那一年气候很好，产出的葡萄很好，最后在中国备受欢迎。另外，借助地理优势，把位置做到宣传手册里，做到口号里，做到LOGO上。农产品的LOGO，一般是使用乡村的元素，这样易于传播，容易辨识。这样做定位，不就是锦上添花的定位吗？

如果农产品销量不好，定位就成功不了。农产品的特殊性，就是在辉煌的时候做好定位，在辉煌的时候建立品牌。

三、冷门行业如何做定位

制造业属于冷门的领域，如何做定位呢？如果是热门行业，要细节、细节、再细分，找到定位的第一名。与热门行业不同，通过对冷门行业的定位，帮助我们拓宽视野。以制造业"冷门"的机械为例，下面讲一个特别的定位方式，完全区别于其他定位的方法。

制造业有哪些痛点？最大的痛点，来自市场推广，往哪里推广？虽然各种机械使用频率非常高，高到你天天会看见，你走在深圳的大路上，总会遇上修路的；你走在乡村小路，也会遇上修路。但是这些机械的客户是谁，向谁来推广呢？

向司机推广吗？恐怕不行，司机没有购买机械的权利。那些机械往往远离都市繁华，摆在露天的地面上。机械停在那里都生锈了，地面都长草了。你在机械周围转来转去，转一个小时，保证没人理你。因为这些庞然大物，你搬不动，也没人相信你会偷走它。

比如，你走到工地保卫科的门口，喊一声：有人吗？这时会出来一个人，可能是大爷，可能是大叔，叼着一根烟，问你是干啥的？你问："这个机械多少钱，能不能试验一下？"对方答："我给经理打个电话。"你想想这个场景，冷门机械有多难卖！

这些行业还有什么痛点呢？就是人才的培养，大多数人会选择汽车专业，少数人选择挖掘机专业。所以挖掘机这样的行业，很难培养人才，哪怕培养一个人，周期还特别长，要学习的知识特别多，赚的钱还特别少，虽然机器很贵，但不容易卖出去。

还有什么痛点？物流运输成本特别高，买一台机械，运输费用几万元。而且价格还不统一，同一款机械，南方一个价，北方一个价。优惠的政策还不一样，无从查起。这些冷门的产业，只要不出事故，都形不成热点。没有热点，人们就不容易知道这个品牌。但是我们不能做坏事去打响品牌吧，也不要利用事故去做内容。热门的产品，品牌一响，黄金万两；冷门的产品，品牌打响，大众也无法支持你。

比如，哪里有地震、洪水，这些天灾最需要的，就是各种冷门的机械，把废墟挖开，抢救生命。但是功劳再大，人们也无法支持你。人们可以上直播间买运动服，能上直播间买挖掘机吗？所以按常规的定位，根本无法入手。

打响了品牌，上了热点，这些冷门机械依然无法进入人们心智。从产品不好定位，从功能不好定位，究竟从哪里入手呢？从场景入手，比如"政绩+工程"的模式。

使用机械的，一般都需要和政府打交道，或者和当地政府相关的服务部门打交道。他们经常修路修桥，美化城市，改善工程，需要各种机械。他们是客户，老百姓不是。老百姓在墙上打个钉子，可以买一把锤子，用完大不了放在抽屉里。但是老百姓在门口修一条路，在院里修一个鱼塘，他不能买一台挖掘机。所以作为机械生产方，切入人群是相关部门，定位是"政绩+工程"。所做的营销，所打的广告，都是和城市工程有关。而且广告不用到处宣传，只要相关部门的人看不到，广告就白打了，广告费就白花了。

有了定位，接下来就是准备工作。与政府打交道，第一个订单特别难。我们要关注政府相关网站，上面有招标需求。我们的信息可以从上面寻找，把宣传资料准备好，把相关的画册准备好。发现招标需求，第一时间把资料递交上去。只要开了第一单，定位之门就打开了。一个订单服务好，成功案例就有了。下次拍宣传片就有素材了，慢慢积累，当成功案例超过10个，就有人主动找你合作了。这就是送政绩的定位。这样做，扎扎实实，盈利可持续，成长可持续。对于政府部门，政绩可持续，税收可持续。迟早有一天，你会被纳入城市发展的集群里，变成长期服务商。

各地政府也在打造建设集群，因为做一个大型工程，需要涉及很多单位，会用到很多冷门的机械。比如要修路，你是挖路的，我是铺沥青的，他是做路面干燥的，全部都是做冷门机械的。这些冷门机械，全部不能做大做强。比如路面烘干业务，是利用空气压缩机吹出螺旋风，加上液化气来喷火，喷出的火力非常猛，可以快速把路面烘干。但是你喷的火再热，你的行业还是很冷门。虽然你的技术说起来很炫，但是定位很难做。

最后我们借这些冷门机械做一个总结，找对客户，就是城市工程的部门。找对模式，用送政绩的模式。找对定位，从产品转型为服务。找对回款方式，从机械定价到使用时间定价。当各个冷门机械在一起合作，共同宣传，抱团取暖，它们就会变成热门工程。

四、元宇宙产业如何做定位

近年来，元宇宙概念出来，很多互联网行业的"大佬"、顶尖人士发话，说一切商业都会走向元宇宙。于是，很多中小企业的创业者开始不淡定了，甚至变得十分焦虑。但我是冷静的，不管他们怎么宣传，我依然认为，元宇宙只是一个互联网的工具。

元宇宙，是人类运用数字技术构建的，由现实世界映射，或超越现实世界，可与现实世界交互的虚拟世界，具备新型社会体系的数字生活空间。它本身并不是新技术，而是集成了一大批现有技术，包括5G、云计算、人工智能、虚拟现实、区块链、数字货币、互联网、人机交互等。

元宇宙，本就是一个难以捉摸的概念，为什么还有很多人在说这个概念呢？其实很简单，这是人性。他们这样说，一是显示自己是新人类，有什么机遇都会看到；二是把元宇宙当成流量工具，但是在收割之前，要让人们变得焦虑。

元宇宙的本质，是三维互联网。

一维互联网就是网线串联的电脑集群，所有数据用网线传输，主要用键盘、鼠标来操作，定位是人网连接，你要联系一个人，他在线你才可以联系到。他要是不在线，你就找不到。

二维互联网就是手机、平板、车载屏幕、各种机器等，不需要键盘鼠标，手指点一点就可以。这是基于4G和5G来无线传输，可以随时随地连接，定位互联互通，没有在线不在线的分别，人人都在线。就像以前你玩QQ，总会问在吗？今天你玩微信，就不会问在不在。

三维互联网定位脑机连接，就是人可以通过大脑思维，直接驱动机器。这样的概念依然很模糊，依然不知从何处下手，依然不知道用什么场景来落实它。

有人说，大企业都成立了元宇宙实验室，说明这个概念是可行的。真的吗？不就是成立一个实验室吗？大企业成立实验室，不是分分钟的事吗？任命一个高管来主抓，空出半层楼，挂上一个牌子，放一些仪器，放几个人去研究一下，就这么简单。

只要市场上出现新概念，大企业就一定会成立实验室，做到你有我也有，你要是做成了，我就加大力度去跟进。如果概念出来，大企业不成立实验室，股民就会有看法，投资人就会有看法，认为企业没有前瞻眼光。

如果这个概念能落地在一些实用场景上，能跟老百姓沾上边，这个概念就有戏。比如美团外卖，就是给用户大量补贴，让用户在上面下单，最终把概念烧成一个商业模式。还有打车市场，先是补贴给用户，让用户使用APP。这些模式，全都是在市场上循环，才能落地。还有支付软件，也是补贴给老百姓，让人们去使用，最后果然由概念烧出一个商业模式。

如果概念没有市场循环，和我们老百姓无关，这个概念就不会落地。只要概念不能落地，就会随风飘散，慢慢被人们淡忘。但是在概念炒作与落地之间，有一个信息差。只要有信息差，就有认知差。有认知差，就有人会割"韭菜"。

比如，区块链出来，数以万计的大企业，不都成立了实验室吗？最后哪家做成功了？区块链出现的同时，还有各种数字币，同样成立数字币实验室，最后哪家做成功了？比特币又在全球收割了多少"韭菜"的财富呢？

今天出来的元宇宙，同样如此，有没有老百姓可以使用的场景？只要没有，这个概念就会慢慢消失。当下，人们更热衷的话题，是兴趣电商、搜索电商、直播电商。这些电商确实融入老百姓的生活中去，你上抖音看看成交数据就知道了。

最后，我们用定位的角度来总结。一个概念要落地，必须有一个精准定位，有一句话能描述清楚，甚至用一个词就能说清楚，还要有一个极其简单的落地场景，简单到什么程度呢？在手机上点几下就完成操作，这就是成功的商业模式。在商业模式的操作中，找到用户的使用场景，找到一句话精准描述，找到一句话传播，这就是定位的体系。不要忘了我们学习的目的，用解读元宇宙，来加强定位理念的落地操作。

五、王老吉品牌定位（一）：追根溯源

1813年，清朝年间，有一个人出生了，他叫王泽邦，小名阿吉。他天资聪明，在很小的年龄就发明了一种消暑祛湿的药包。广东的天气本来就热，当地人就喜欢煮一些东西来喝，以达到清火降暑的功效。北方用炖，南方靠煲，更清淡，这是一种地域饮食文化。所以，王泽邦（也就是王阿吉）发明凉茶药包，也是顺应时代。

1828年，王泽邦在广州十三行开了一间药房，帮人问诊，帮人煎药。人们有了湿热，就会去药铺开药，王阿吉就会开一些药包，让人们回家熬着喝。百姓在家里熬制药包，还是很麻烦，火候不好控制，味道千差万别，效果时好时坏。所以王阿吉就会熬好凉茶，人们过来瞧病，直接喝一碗凉茶，省时又省事。你可别忘了，一百年前，那是用土灶和柴火，火候可不容易控制。

1838年，湖广总督林则徐来到广东，不适合南方湿热的天气，病倒了，四处求医，有人就寻到王阿吉这里。王阿吉就开了药方，据说三剂药就治好了林则徐的病。林则徐痊愈后，派人送来一个刻有"王老吉"三个金字的大铜壶赠予王泽邦，以"老"代"阿"，以示敬重。

王泽邦后来被人们称为岭南药侠，也被尊称为凉茶始祖。

王老吉有三个儿子，分别开了三家店铺，不仅有凉茶，还有茶点售卖，可见王老吉有多么受欢迎。之后王老吉凉茶秘方一代代传承下来。第三代的一位后人，去了中国香港发展，用这个凉茶秘方，把凉茶传遍亚洲。王老吉的第四代后人，在1935年把"王老吉"商标正式注册下来。王老吉这个品牌的凉茶，逐渐成为广东凉茶的代名词。

王老吉的后人对凉茶不断变革和创新，从碗装凉茶到凉茶包，再到凉茶粉，然后到凉茶饮料，到了1992年，又造出了盒装王老吉，还有红罐装的凉茶。秘方不变，承载凉茶的载体一直在变化。到了2006年，王老吉凉茶被列入国家非物质文化遗产名录，凉茶秘方受到国家保护。

作为一个地方凉茶品牌，它是如何推向全国的呢？

这要从一个人说起。当时广东东莞的陈鸿道，去中国香港发展，入职了一家饮料公司——杨协成饮料公司，还当了总经理。杨协成是一家以酱油起家的公司，后来做饮料，在亚洲区域销售百事可乐、七喜、美年达等。

到了20世纪90年代，陈鸿道回到东莞，投资建厂，生产凉茶加多宝，但是一直卖不好。陈鸿道在中国香港认识了一位王老吉的后人——王健仪，她宣称自己是王泽邦后人。她想来中国内地推广王老吉凉茶，陈鸿道也想推广自己的加多宝凉茶。这样，二人的合作契机就有了。但是商标各有各的归属，王老吉的商标，在中国内地是国有资产，归广药集团所有。在中国香港、东南亚、新加坡这一带，王老吉商标是王健仪注册的，她拥有内地以外的商标使用权。

大约在1995年，他们找到广药集团，期望把王老吉的商标租下来，用这个品牌在国内推广凉茶。协商的租金是200万元/年，如果卖上1.2亿元时，租金要加到500万元/年。租下这个商标以后，王老吉凉茶就落在东莞加多宝工厂，开始生产和推广王老吉凉茶了。

这就是王老吉品牌的起源故事，这个阶段，产品都是功效为王，不管包装如何变化，大家始终坚守着秘方，认认真真来研制产品。下一个阶段，重心就转移到渠道为王了。下一节继续来讲，如何寻找定位的故事。

六、王老吉品牌定位（二）：找到心智

2002年盐湖城冬季奥运会开始，加多宝公司也关注到奥运会这件事，心里痒痒想赞助，可没那么多钱，只能拍广告片。找谁拍呢？找到几家广告公司，想做竞标，其中有一家公司，就是广州成美广告公司。当时加多宝公司中负责落实广告这件事的，是市场部总监阳爱星。

成美广告公司总经理耿一诚对阳爱星说："你们没有定位，拍了广告片，其实也没什么用。"阳爱星头脑还是比较灵活的，他后来升为加多宝总裁。他也是朦朦胧胧地感知到定位

有点用，就把这件事和公司总裁陈鸿道一五一十地说了。要先搞定位，再做广告。但是，什么是定位，不清楚；定位有什么用，不知道；定位有没有用，不明白。要知道在2000年的时候，其他公司认可的营销，就是拍广告。到底要不要做定位呢？公司总裁陈鸿道毕竟在中国香港发展，还是比较有眼界的，他听完关于定位，当下拍板，确定这件事就这么干。

当时，成美拿到了加多宝公司盖章的声明，帮王老吉凉茶做定位，但是阳爱星对外宣传，是特劳特公司给王老吉做定位。

成美获得加多宝的肯定，于是组建团队，开始具体落实定位工作。做的是加多宝公司租来的品牌王老吉，这就像养着别人的孩子，培养别人孩子成长，孩子长大了，到底归属于谁呢？加多宝公司当时就意识到这个问题，但也是没办法，要凭租来的王老吉这个牌子来推向市场。王老吉商标持有人也知道这件事，大家心照不宣，但是也为后面出现纠纷打官司，埋下了伏笔。

王老吉凉茶当时的销售额，一年差不多1.2亿元，其中广东省，作为凉茶的发源地，凉茶的主要消费地，居然只有1000万元。但是浙江省的销售额，反倒是做到了1亿元。剩余其他各地的销售额加起来，也差不多1000万元。销售额一共为1.2亿元。

所以看到数据，成美就去浙江考察，发现浙江市场主要集中在温州一带。这么一个城市，几乎包揽了1亿元的销售额，这是怎么回事？这不就是墙里开花墙外香吗？这不就是"有心栽花花不开，无心插柳柳成荫"吗？于是走访一线，终于找到原因了，就是终端促销。

我们不要用今天的眼光看终端促销，今天你去超市，有促销小妹跟你介绍产品，你还听吗？你肯定一脸嫌弃，绕着走。但是往前推20年，在终端推销凉茶，这真是一个狠招，整个饮料界，从来没人这么干过。继续调研，听听促销人员怎么介绍王老吉凉茶的，促销人员提到了一个关键词——"天地正气"。当时王老吉的口号是"天地正气王老吉"，天地正气正符合温州人心里的心智。王老吉这个名字，带老，又带吉，听起来感觉很吉祥。加上天地正气，温州人听了感觉就很好，喝着有面子，当时温州认定的三红：一红中华烟，二红五粮液，三红王老吉。而温州本地，就有一个凉茶品牌——温州凉茶，当地人反而不选择。

成美团队经过这次调研，整个定位团队对王老吉的心智模式逐渐清晰，就是凉茶不当凉茶卖，而是心里的那个感觉。什么感觉呢？就是预防上火的饮料。首先这是一款饮料；其次这是一种预防上火的饮料。一个人上火，他会喝药，而不是喝茶，你见到谁喝饮料治疗上火的？如果吃火锅，熬夜就会选择凉茶，婚宴这些喜庆的场合，就会选红罐王老吉凉茶。

如果定位解渴呢？王老吉自身的颜色，看上去就像隔夜茶。王老吉这口味，一股中药味，没病谁会喝呢？解渴肯定是喝纯净水。在竞争激烈的饮料市场，不要以为你免费推广，人们就会选择你。无数个饮料品牌，免费给人喝，人们也不喝，因为免费与用户心智没有一点关系。但是定位了预防上火，只要一喝，心里就会想，中药味才能预防上火吧！

这就是王老吉凉茶定位的落脚点，这就是定位最有价值的地方。预防上火，这是战略；"怕上火，喝王老吉"是口号，是战术。战略不能随便改变，变了战略，就会更改人们的心智。口号可以随时更换，不同市场打不同的口号。王老吉在北方的口号是："过吉祥年，送王老吉。"用这样感性的宣传，目的是讨一个彩头。

经过成美定位团队的调研努力，在温州地区找到了市场落脚点，接下来就是向加多宝公司汇报成果，进一步确定这个定位是否可行。

七、王老吉品牌定位（三）：迅速发展

成美团队找到了市场切入点，找到了预防上火的落脚点，这就是预防上火的饮料。2003年2月17日下午，这个时间是调研45天之后，王老吉正式改变饮料界的日子，同时还是定位理论正式在中国市场生长的日子。

成美团队向加多宝公司汇报，所有高层齐聚一堂，先把市场落脚点讲完，按正常的咨询程序，下一步是加多宝高层提问，成美答疑的过程。但加多宝总裁陈鸿道直接拍板，他说：

"我想了七年，要找的就是这个东西。"陈总是销售出身，在中国香港打拼多年，一直寻找这个销售落脚点，他认可这个落脚点，也就省去了讨论环节。

但是陈总不愧是陈总，他不是专权，也不是独裁，他果断拍板，同时也提出了新的问题，即不能走功能饮料的路线。当时的市场有且只有一款功能饮料——红牛，陈总怕走红牛的路线，因为这个市场是做不大的，红牛当时只有6亿元的年销售额，而应该走可口可乐的路线，这个路线起码销售额能做到100亿元。后面的事实证明，陈总的眼光是独到的。

找到了定位落脚点，就找到了金矿。定位一出，黄金万两。接下来是战术部分，拍广告片。选什么场景呢？成美选定了两个，烧烤和火锅。但是成美只做定位，不拍广告片，广告片就找了另外一家公司来做，成美做监制。广告文案是：一口火锅，一口王老吉。夏日冰爽，喝王老吉。怕上火，喝王老吉。

如果放在今天，可以去拍短视频了。广告片拍好，开始全国铺货，全国地推。王老吉有了精准定位，相当于拥有强大的武器，开始和可口可乐、雪碧、汇源果汁正面交锋，短兵相接，抢占餐桌上的市场。怎么抢呢？王老吉做了一些牙签罐，圆圆的塑料罐子，推向全国大大小小的饭店，也推向了消费者的饭桌上。人们吃饭的时候，看到牙签罐上印着"怕上火，喝王老吉"的广告，直接唤醒心智的需求，销量倍增。

其实，很多定位不是凭空臆造，而是事实存在。但是人们不管是卖汽车、卖房子，卖各种吃的、喝的，在总结卖点时，不是两条、三条，不是七条、八条，而是几十条，就这样他们还不知足，天天在寻找新的卖点，恨不得把整个行业的优点，全部放在自己产品上面。

结果像打机关枪一样，"突、突、突"地把卖点说完，把消费者都听烦了。产品打不开市场，就是卖点太多。而做定位就是只给你留一个卖点，把这个点无限放大，再给你一句口号。这就是一点即破，点点破；一点不破，全盘不破。

王老吉品牌到达巅峰时，一年销售额达200亿元，超过可口可乐单一品牌的销售额。后来王老吉凉茶的母公司与加多宝公司分道扬镳，两家公司用一样的定位，一样的口号，销售不同品牌凉茶的销售额合计400亿元。

2012年5月，法院判决加多宝公司停止使用王老吉商标。后来陈鸿道不得不选择放弃王老吉这个名字。两家公司用一样的定位，怕上火，喝什么？喝王老吉，还是喝加多宝？消费者会不会有选择困难呢？当然会了。但是广药集团把王老吉商标拿回，第一件事就是修改定位，口号变成"凉茶，就喝王老吉"。人们不可能为了凉茶去选王老吉，而是因为怕上火，才选王老吉。王老吉相当于把价重连城的心智市场给放弃了。

而加多宝的强项在于地推和渠道，他们失去了品牌，第一件事是在凉茶罐子上，一面印王老吉三个字，一面印加多宝三个字。这样的罐子会不会争议呢？不仅会争议，还会侵权。但加多宝知道后果是什么，他们已经做好赔偿的准备，依然用这样过渡性的罐子，把心智模式转移。

加多宝配上了文案："全国销量领先的红罐凉茶，改名加多宝，还是原来的配方，还是熟悉的味道，怕上火喝加多宝。"这个阶段，你去店里吃饭，要两罐王老吉，服务员会给你上两罐加多宝。你说："我要的是王老吉。"服务员说："这就是王老吉。"我们是否还记得这样的情景呢？

后来两家公司因为品牌纠纷，打了几年官司，王老吉又把怕上火的心智模式用上了，重新夺回心智，重新夺回了市场。而加多宝一会推金罐，一会又改成红罐，想用地推模式赢回市场，还从娃哈哈公司挖到一批快销品人才，但失去了用户心智，市场很难夺回。

而王老吉回归广药集团，可以说是从零开始，没有地推团队，没有成熟渠道，但有心智模式，拥有成熟品牌，仅仅用了四年，也就是2016年王老吉销量接近加多宝。第五年，在2017年，王老吉反超加多宝。2018年，加多宝连王老吉的尾灯都看不到了。

我们再做一个总结，定位预防上火的饮料，人们就能喝出淡淡的中药味；定位是治疗上火，人们喝完感觉就没什么用；定位是解渴，喝的时候感觉味道苦涩。明明是同一个东西，定位变了，口味还能跟着改变？神奇不神奇？其实并不神奇，认知变了，事实就变了。人间原本的事实，或许认知是唯一的事实。

八、盒装王老吉定位（四）：联动发展

王老吉的红罐和绿盒包装，从时间上来说，大体有三个阶段，如图5-1所示。

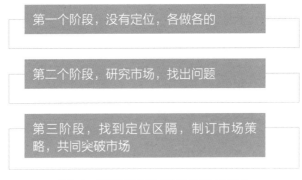

图5-1　红罐和绿盒王老吉发展的三个阶段

1. 没有定位，各做各的

红罐和绿盒都是王老吉，在1995年以前就有了。绿盒王老吉，归属于王老吉药业，生产和销售也是王老吉药业。红罐王老吉，商标是王家后人持有，生产方交给加多宝公司，后来归于广药集团。

刚开始几年，红罐王老吉的营收都保持在1亿元/年。市场除了广东和浙南，其他地方基本没有，其他地方也没有喝凉茶的习惯。当时绿盒王老吉没什么名气，市场也很小。

2. 研究市场，找出问题

后来加多宝公司在广州成美营销咨询公司的帮助下，把王老吉凉茶定位为预防上火的饮料。既然是饮料，对应的是矿泉水、可乐、果汁、牛奶。有了这个定位，市场也拓展到全国，2003年完成6亿元销售额目标，2004年销售额达14亿元，2005年销售额就达到了25亿元，2006年销售额达36亿元。盒装王老吉从2004年开始，也用了"怕上火，喝王老吉"的广告语，2003年销售额接近5千万元，2004年销售额达8千万元，2005年销售额达2亿元，2006年销售额达4亿元。

绿盒与红罐用了同样的定位、同样的口号，也是和加多宝公司协商好的。毕竟这是红罐的广告语，但是两者定位一样。绿盒是瓜分红罐的市场？还是补充红罐的人群？这个难题，让广药集团犯愁。他们就想，既然红罐有高人指点，那么盒装王老吉干脆也找高人指点吧。于是找到广州成美营销咨询公司："盒装王老吉如何打市场，是瓜分还是补充？"

成美公司就从三个方面来研究，如图5-2所示。

一是产品角度

二是消费者角度

三是竞争对手角度

图5-2　盒装王老吉市场分析的角度

①从产品本身来看，两者包装不一样，价格不一样，喝的场景也不一样。红罐显得时尚一点，高档一点，能满足礼仪需求，有些聚会和宴会，都会摆上红罐。绿盒是纸质包装，手感很轻，没有档次，不会出现在宴会上面。价格方面，红罐的每罐3.5元，绿盒的每盒2元。

②从消费者角度来看，这两个产品就像可口可乐一样，有瓶装，也有易拉罐，功能都是预防上火的。

③从竞争者对手来看，红罐王老吉对手不仅有邓老凉茶、黄振龙、和其正，也有可口可乐、雪碧。盒装王老吉，当时销量不到红罐十分之一，你说有没有对手？

3. 找到定位区隔，制订市场策略，共同突破市场

对盒装王老吉三个角度分析完，发现在消费者眼里，两者口号一样，口味一样，就是盒子不一样，价格不一样，定位上有什么区隔呢？当然不是盒子和罐子的差异，而是心智方面的差异。

盒装王老吉的主要消费群体是家庭主妇，还有学生和工人。那么就可以推出家庭装，一箱24盒，48元。再来点促销，很有性价比优势。还可以与快餐搭配，一份快餐加一盒王老吉，也算一个绝配。如果人们吃火锅，吃羊肉串，就会配红罐王老吉。

找到心智的区隔，市场就好推了。红罐王老吉继续大力宣

传：怕上火，喝王老吉。盒装王老吉不用强调这句口号，直接宣传：王老吉，还有盒装。如果绿盒采取新的定位，就会变出两套说辞，会让消费者心智变得混乱。

价格方面，盒装2元，红罐3.5元，作为互补。设计方面，风格尽量保持一样，盒装尽量用红罐的元素，让人容易产生记忆关联。当时绿盒使用红罐的元素，都要和加多宝协商的。征得同意以后，才可以使用。

推广团队都用红罐的团队，毕竟当时的加多宝在地推方面是国内顶尖，而绿盒地推能力非常弱。有了这样的策略，盒装的销售额，2006年突破4亿元，2007年8亿元，2008年突破10亿元，2010年突破15亿元。

以上三个阶段，盒装与红罐先是各自为战，再是双方协商，然后互相补充，共同作战。整个过程，使用的策略和古代战争一模一样，一个策略，一个定位，决定一场胜败。可以这么说：本是同根生，相煎何太急。携手打天下，共同赢市场。只要是兄弟品牌，必然存在竞争关系。打得好，共同赢得市场。海飞丝经常抢飘柔的市场，飞天茅台不也经常欺负普通茅台吗？打来打去，共同把市场拿下了。打不好，互相拆台，后院起火，两败俱伤。

最后对整个品牌故事做一个总结，在市场上，既要攻城，也要攻心。既然结盟，也要竞争。既要做好战略，也要做好战术。既要有定位，也要占心智。